LES ATELIERS DE  MasterChef
LES CLASSIQUES

CHRISTOPHE DOVERGNE & DAMIEN DUQUESNE

PHOTOGRAPHIES LA FOOD
ANNE FERREIRA & THOMAS DHELLEMMES

LES ÉDITIONS DE L'HOMME
Une société de Québecor Média

SOMMAIRE

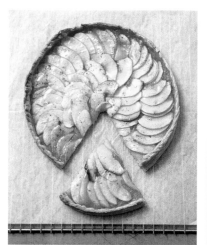

LES ATELIERS DE MasterChef

CRÈME DUBARRY

35 min	+	1 h 50	=	2 h 25	★	Ⓢ
PRÉPARATION		CUISSON		TOUT COMPRIS	NIVEAU	BUDGET

INGRÉDIENTS POUR 8 PERSONNES

BLANCS DE POIREAU ▸ 250 g (3 tasses)

CHOU-FLEUR ▸ 1

BEURRE ▸ 125 g (½ tasse) + 25 g (2 c. à soupe)

FARINE ▸ 100 g (¾ tasse)

LAIT ▸ 2 litres (8 tasses)

CRÈME ▸ 200 ml (¾ tasse)

SEL

● **BOISSON** riesling // côtes-de-provence blanc

CHANGEMENT D'ASSOCIATIONS

EXOTIQUE

▶ Parfumer et colorer le potage avec du lait de coco et de la citronnelle.

AUTRE LIQUIDE

▶ Remplacer la moitié du lait par du fond blanc de volaille.

PAS TOUJOURS BLANC...

Si la couleur n'est pas primordiale et qu'on veut un goût de chou-fleur encore plus prononcé, faire cuire les bouquets dans un peu de beurre chaud jusqu'à ce qu'ils colorent légèrement et deviennent tendres, puis reprendre le cours de la recette à l'étape 4, en ajoutant le poireau.

TENDREMENT VERT...

Pour réaliser un délicieux potage d'un beau vert tendre, remplacer le chou-fleur par du brocoli, et suivre la même recette.

AVEC LE POTAGE

Servir le potage avec des croûtons de pain frits.

PAS DE RIESLING ?

Le remplacer par un bourgogne aligoté.

EN TOUTE SAISON !

Cette recette se fait très facilement avec du chou-fleur surgelé, à condition de bien le choisir cru et en bouquets ! Sans le décongeler, le plonger directement dans une grande marmite pleine d'eau bouillante salée, pour le blanchir.

PAS DE PERTES !

Utiliser l'ensemble du chou-fleur pour réaliser le potage, cœur compris.

JE SAIS MAINTENANT

☐ FAIRE SUER UN LÉGUME

☐ LIER UN POTAGE

☐ CRÉMER UN POTAGE

JE ME NOTE

 ..... /20

FRUITS, LÉGUMES, HERBES

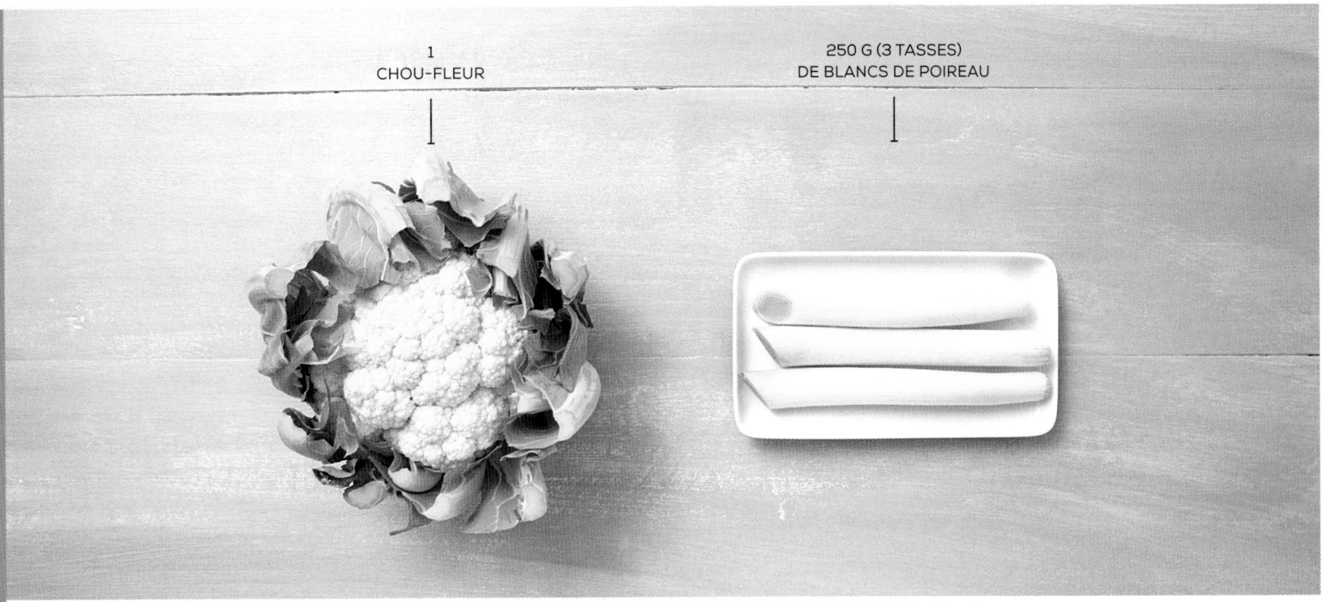
1
CHOU-FLEUR
250 G (3 TASSES)
DE BLANCS DE POIREAU

CRÉMERIE

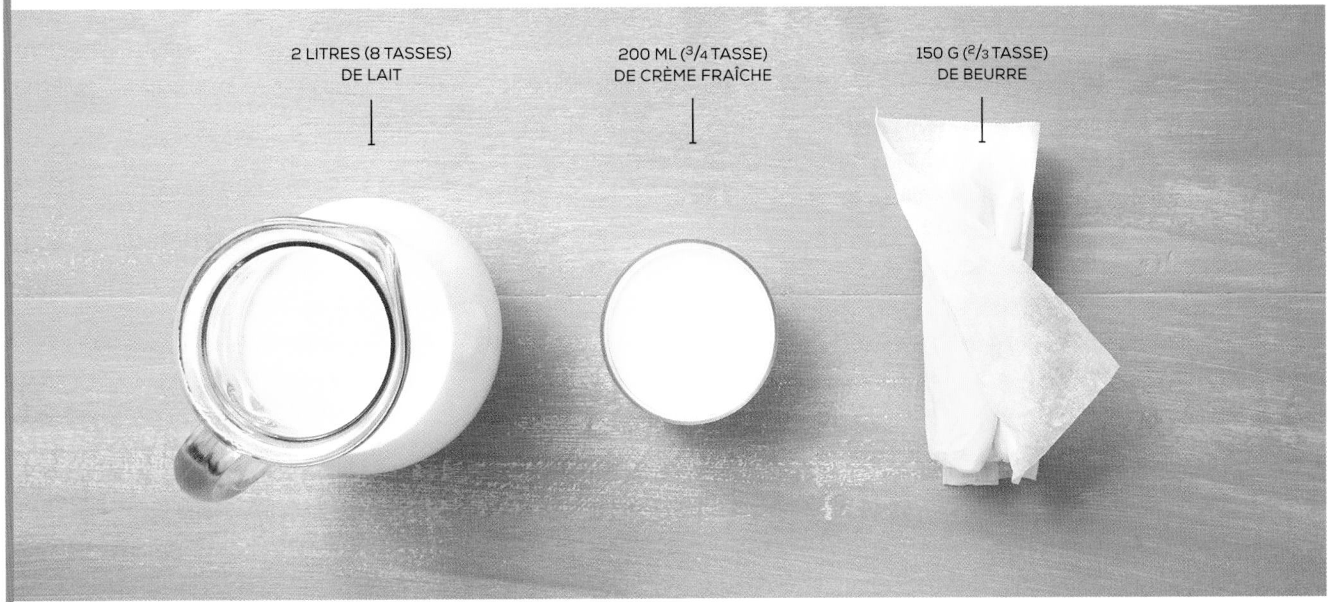
2 LITRES (8 TASSES)
DE LAIT
200 ML (3/4 TASSE)
DE CRÈME FRAÎCHE
150 G (2/3 TASSE)
DE BEURRE

ÉPICERIE

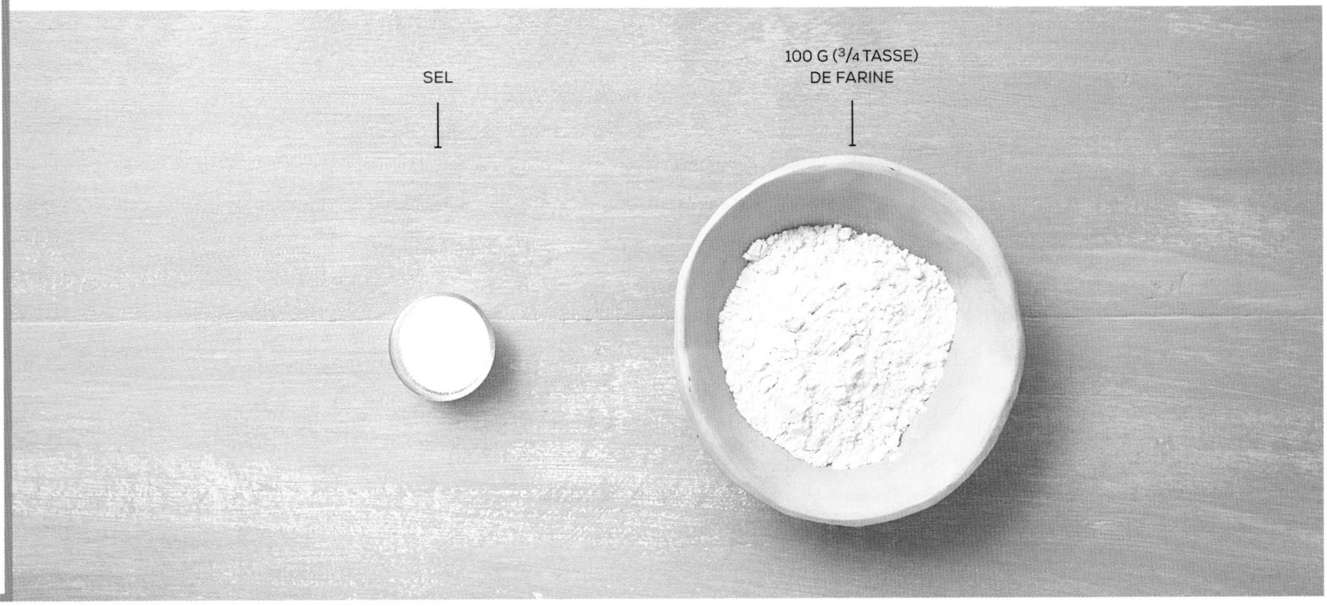
SEL
100 G (3/4 TASSE)
DE FARINE

1

PRÉPARER LES LÉGUMES

15 MINUTES

Laver et éplucher le chou-fleur et les blancs de poireau.

Émincer finement les blancs de poireau.

 CONSEIL MasterChef

ÉMINCER SIGNIFIE COUPER UN INGRÉDIENT (FRUIT, LÉGUME OU VIANDE) EN TRANCHES OU EN RONDELLES DE MÊME TAILLE.

Séparer le chou-fleur en bouquets, en enlevant le trognon et les plus grosses tiges.

Sur ces bouquets, prélever environ 200 g (2 tasses) de sommités de chou-fleur; les réserver.

CONSEIL MasterChef

LES SOMMITÉS SONT LES TOUT PETITS BOUQUETS QUI SE TROUVENT À LA SURFACE DE LA POMME DU CHOU-FLEUR. ELLES DOIVENT ÊTRE PRÉLEVÉES À L'AIDE D'UN PETIT COUTEAU POINTU.

2

BLANCHIR LE CHOU-FLEUR

2 MINUTES

+ CUISSON 10 MIN

Mettre les bouquets de chou-fleur dans une grande casserole, les couvrir largement d'eau et les blanchir pendant 8 à 10 minutes.

BLANCHIR LES BOUQUETS DE CHOU-FLEUR AVEC UN DÉPART À L'EAU FROIDE PERMET D'ÉLIMINER L'ÂCRETÉ DU CHOU.

Égoutter les bouquets de chou-fleur en fin de cuisson.

3

CUIRE LES SOMMITÉS

3 MINUTES

+ CUISSON 5 MIN

Porter à ébullition de l'eau salée dans une casserole.

Plonger les sommités de chou-fleur dans l'eau bouillante et les cuire à l'anglaise pendant 5 minutes.

CUIRE À L'ANGLAISE CONSISTE À PLONGER UN LÉGUME DANS DE L'EAU BOUILLANTE SALÉE JUSQU'À CE QU'IL SOIT CUIT, PUIS À ARRÊTER BRUTALEMENT SA CUISSON EN L'IMMERGEANT DANS DE L'EAU GLACÉE.

Égoutter les fleurettes en veillant à ne pas les abîmer et les rafraîchir aussitôt, puis les égoutter de nouveau et réserver.

4

CUIRE LE POTAGE

15 MINUTES

+ CUISSON 1 H 35

Faire fondre 125 g ($^1/_2$ tasse) de beurre sans coloration, dans un récipient de cuisson assez haut.

Ajouter les blancs de poireau émincés et les faire suer pendant environ 5 minutes à feu très doux.

⬤ CONSEIL MasterChef

FAIRE SUER UN LÉGUME, DE L'OIGNON OU DES ÉCHALOTES CONSISTE À LES FAIRE CUIRE SANS LES LAISSER COLORER : L'EAU DE VÉGÉTATION S'ÉVAPORE ET LES SAVEURS SONT CONCENTRÉES.

Saupoudrer les poireaux de la farine, mélanger comme pour faire un roux et laisser cuire quelques minutes à feu très doux.

Mouiller avec 2 litres (8 tasses) de lait.

Ajouter le chou-fleur blanchi, saler et porter rapidement à ébullition.

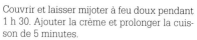

Couvrir et laisser mijoter à feu doux pendant 1 h 30. Ajouter la crème et prolonger la cuisson de 5 minutes.

Au terme de la cuisson, mixer en velouté à l'aide d'un pied-mélangeur.

Rectifier l'assaisonnement et ajouter 25 g (2 c. à soupe) de beurre détaillé en parcelles.

Ajouter les fleurettes mises de côté, mélanger délicatement et servir.

LES ATELIERS DE  MasterChef

TERRINE
DE POISSON

 50 min
PRÉPARATION

+

 1 h
CUISSON

+

 3 h 30
ATTENTE

=

 5 h 20
TOUT COMPRIS

 ★
NIVEAU

 $$
BUDGET

INGRÉDIENTS POUR 8 PERSONNES

BEURRE ▸ 25 g (2 c. à soupe)

CAROTTE ▸ 1

POIREAU ▸ 1

CHAIR DE MERLAN ▸ 500 g (1 lb)

BLANCS D'ŒUFS ▸ 2

CRÈME ENTIÈRE ▸ 400 g (1 ¾ tasse)

SEL FIN ▸ 20 g (3 c. à café)

PIMENT D'ESPELETTE ▸ 3 g (½ c. à café)

● **BOISSON** chablis // viognier

CHANGEMENT D'ASSOCIATIONS

PLUS DE VERT
▸ Ajouter de la ciboulette ciselée finement dans la terrine, tant pour la couleur que pour la saveur.

AUX FRUITS DE MER
▸ Ajouter des moules et des crevettes cuites dans la farce crue pour réaliser une terrine aux fruits de mer.

 30 **30 MIN AVANT**
PLACER LE MATÉRIEL DE HACHAGE AU RÉFRIGÉRATEUR (À 3 °C [37 °F]).

PAS
DE MERLAN ?
Tous les poissons se prêtent à cette recette, mais préférez la sole, le saumon ou la truite.

AVEC CETTE RECETTE

JE MAÎTRISE MAINTENANT

☐ LA FARCE MOUSSELINE
☐ LE MONTAGE D'UNE TERRINE

SANS BLANC D'ŒUF
Le blanc d'œuf permet de bien amalgamer la farce. Il n'est pas indispensable si le poisson est très frais, mais la farce sera plus fragile après cuisson.

LA FARCE MOUSSELINE
Utiliser cette farce pour farcir, bien entendu, mais aussi pour réaliser des quenelles, des boudins ou des croquettes de poisson.

AUX
SAINT-JACQUES ?
Cette recette fonctionne très bien avec des Saint-Jacques à la place du poisson; dans ce cas, ne pas ajouter d'œufs.

JE ME NOTE

...... /20

500 G (1 LB)
DE CHAIR DE MERLAN

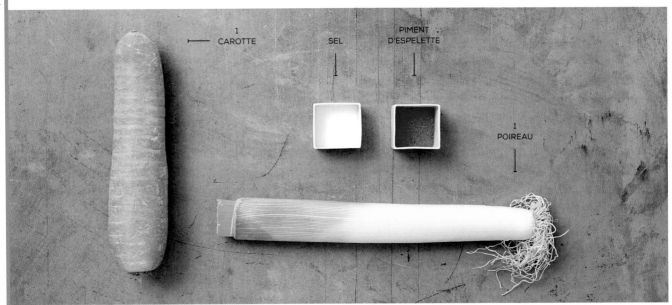

1
CAROTTE

SEL

PIMENT
D'ESPELETTE

1
POIREAU

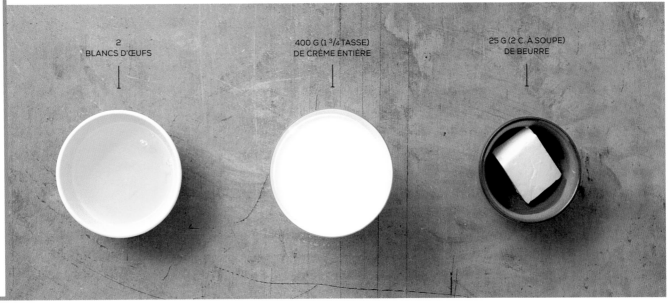

2
BLANCS D'ŒUFS

400 G (1 ¾ TASSE)
DE CRÈME ENTIÈRE

25 G (2 C. À SOUPE)
DE BEURRE

1

PRÉPARER LE MATÉRIEL

5 MINUTES

+ ATTENTE 30 MIN

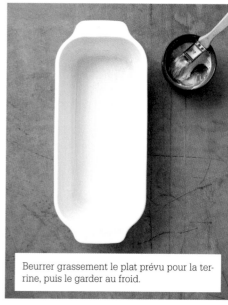

Placer le matériel de hachage au réfrigérateur à 3 °C (37 °F) pendant 30 minutes.

Beurrer grassement le plat prévu pour la terrine, puis le garder au froid.

2

PRÉPARER LES ÉLÉMENTS DE DÉCORATION

10 MINUTES

+ CUISSON 5 MIN

Porter de l'eau salée à ébullition dans une marmite.

Éplucher la carotte, puis la canneler et la détailler en fines rondelles. Séparer les feuilles du poireau et les laver.

Pocher à l'anglaise le poireau et la carotte séparément. Les rafraîchir dans un bain d'eau glacée et les égoutter.

Détailler des formes géométriques dans le blanc et le vert de poireau. Les réserver sur du papier absorbant.

3

LA FARCE MOUSSELINE

⏱ **15** MINUTES

Parer les filets de poisson : supprimer la peau, les arêtes, les nerfs...

Détailler les filets en gros morceaux et les placer dans la cuve bien froide du hachoir.

Les saler une première fois, puis les hacher rapidement en procédant par courtes impulsions.

Ⓜ **CONSEIL** MasterChef

SALER LES MORCEAUX DE POISSON PERMET DE MIEUX RETENIR L'EAU QU'ILS RENFERMENT LORS DU HACHAGE.

Ajouter les blancs d'œufs et continuer de hacher, jusqu'à l'obtention d'une pâte fine.

Émulsionner la farce : la mixer à vitesse moyenne en ajoutant progressivement la crème.

Assaisonner la farce, puis la serrer en la mixant quelques secondes à grande vitesse.

4

LA TERRINE

⏱ **20** MINUTES

+ CUISSON DE 45 MIN À 1 H   **+ ATTENTE 3 H AU MOINS**

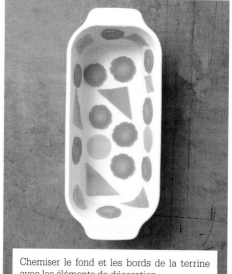

Chemiser le fond et les bords de la terrine avec les éléments de décoration.

Garnir la terrine de farce mousseline à l'aide d'une spatule, en veillant à ne pas déplacer les éléments de décoration.

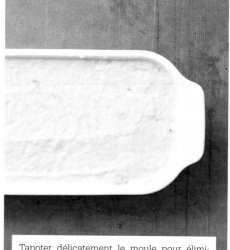

Tapoter délicatement le moule pour éliminer les éventuelles poches d'air et lisser la surface.

Placer du papier sulfurisé percé de quelques trous dans un plat à four, ajouter de l'eau et poser la terrine dans ce bain-marie.

Enfourner et laisser cuire de 45 minutes à 1 heure. Contrôler la cuisson avec une pointe de couteau ou une sonde : 65 °C à cœur (150 °F).

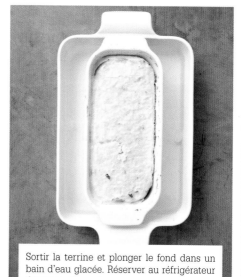

Sortir la terrine et plonger le fond dans un bain d'eau glacée. Réserver au réfrigérateur durant quelques heures.

Pour démouler la terrine, la tremper partiellement dans un bain d'eau très chaude durant quelques secondes.

Renverser la terrine dans le plat de service et la tapoter ou s'aider d'un couteau fin pour faire descendre la préparation.

LES ATELIERS DE
 MasterChef

ŒUFS COCOTTE
MOUILLETTES D'ASPERGE VERTE

 + =

25 min	**20 min**	**45 min**	★	Ⓢ
PRÉPARATION	CUISSON	TOUT COMPRIS	NIVEAU	BUDGET

INGRÉDIENTS POUR 8 PERSONNES

ASPERGES VERTES ▸ 16

CRÈME ▸ 155 ml (²/₃ tasse)

BEURRE ▸ 50 g (¼ tasse)

ŒUFS EXTRAFRAIS (À TEMPÉRATURE AMBIANTE) ▸ 8

SEL FIN

POIVRE BLANC

● **BOISSON** pinot gris // sancerre

CHANGEMENT D'ASSOCIATIONS

MOUILLETTES DE PAIN
▶ Remplacer les asperges par des mouillettes de pain de campagne frottées à l'ail et à la tomate.

ŒUFS À LA COQUE
▶ Les asperges font aussi de parfaites mouillettes pour les œufs à la coque.

2 H AVANT

(2) SORTIR LES ŒUFS DU FROID pour les amener à température ambiante.

PAS DE CRÈME ?
La remplacer par une béchamel légère, à base d'un roux additionné de lait, et parfumée à la noix de muscade (voir p. 220).

PLUS COMPLEXE
Monter les blancs en neige, les mouler dans un cercle jusqu'à mi-hauteur, ajouter le jaune et recouvrir du reste de blancs en neige, puis cuire 3 minutes à la vapeur.

TOUTES LES FORMES
La forme des ramequins importe peu : le blanc cru est liquide, il remplira les moules quelle que soit leur forme.

PLUS DE GOÛT
Remplacer la crème par une sauce au vin rouge (voir p. 220) et agrémenter le tour de l'œuf avec une garniture bourguignonne.

AVEC CETTE RECETTE

JE MAÎTRISE MAINTENANT

☐ LA CUISSON À L'ANGLAISE DES ASPERGES

☐ L'ŒUF COCOTTE

☐ LA MISE EN PLACE D'UN BAIN-MARIE

_____ JE ME NOTE

_____

_____

 ...... /20

CRÉMERIE

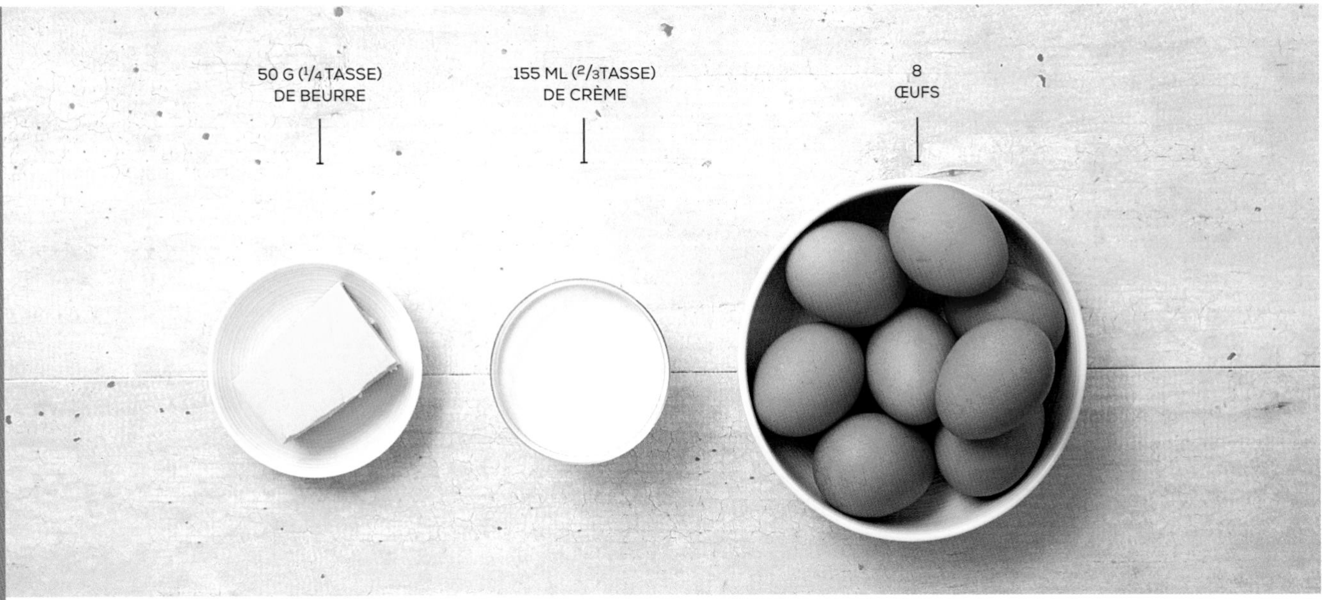
50 G (1/4 TASSE)
DE BEURRE
155 ML (2/3 TASSE)
DE CRÈME
8
ŒUFS

FRUITS, LÉGUMES, HERBES

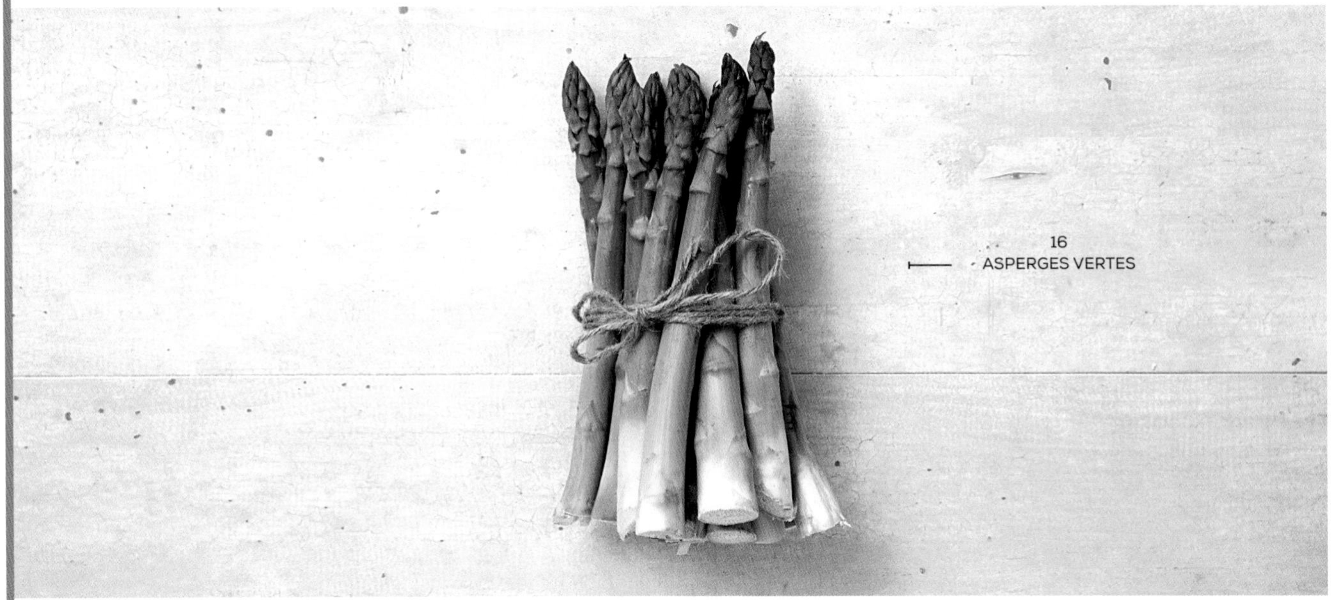
16
ASPERGES VERTES

ÉPICERIE

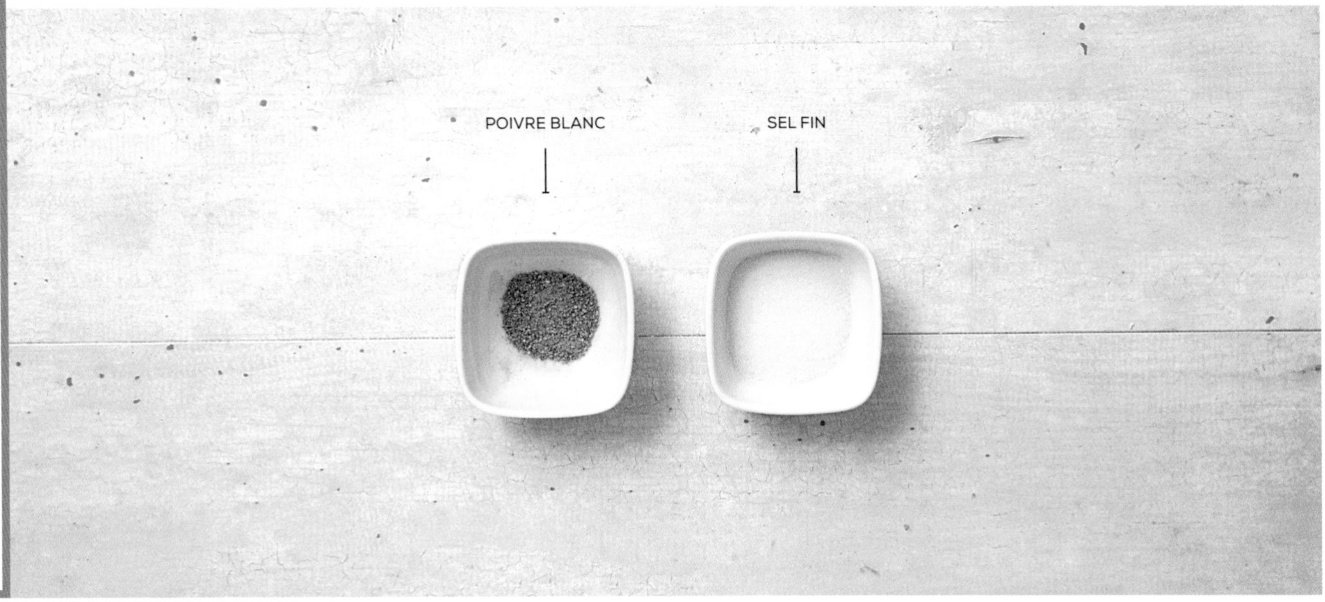
POIVRE BLANC
SEL FIN

1

LES ASPERGES

10 MINUTES

+ CUISSON 5 MIN

Mettre à chauffer un grand volume d'eau salée dans un récipient de cuisson à bord haut.

Laver délicatement les asperges. Si nécessaire, peler la queue de chacune d'elles de la tête vers la base.

Parer la base des asperges pour uniformiser la longueur.

Lier les asperges en bottes de quatre pièces.

(m) CONSEIL MasterChef

ATTACHER LES ASPERGES LEUR ÉVITE DE SE CASSER EN SE CHOQUANT LORS DE LA CUISSON, ET LES PARER RÉGULIÈREMENT LEUR ASSURE UNE CUISSON HOMOGÈNE.

Immerger les bottes d'asperges dans l'eau bouillante, si possible verticalement de façon que les pointes restent hors de l'eau.

(m) CONSEIL MasterChef

LE MAINTIEN (LORSQUE C'EST POSSIBLE) DES POINTES D'ASPERGE HORS DE L'EAU PERMET DE LES GARDER UN PEU CROQUANTES ALORS QUE LES TIGES SERONT TENDRES.

Vérifier la cuisson en piquant une asperge de la pointe d'un couteau : si elle pénètre très facilement, les asperges sont cuites.

Rafraîchir les asperges dans un bain d'eau glacée, puis les égoutter et les éponger soigneusement. Réserver au frais.

2

PRÉPARER LE BAIN-MARIE

5 MINUTES

Choisir un récipient de cuisson assez large pour 8 ramequins et découper une feuille de papier sulfurisé à la taille du fond.

Percer la feuille de quelques petits trous et la déposer sur le fond du récipient.

Verser 2 à 3 cm (3/4 à 1 1/4 po) d'eau dans le récipient et porter à frémissement. Prévoir un peu d'eau bouillante pour un appoint éventuel.

3

LA CRÈME

2 MINUTES

+ CUISSON 10 MIN

Assaisonner la crème, la verser dans une petite casserole et porter à ébullition rapidement.

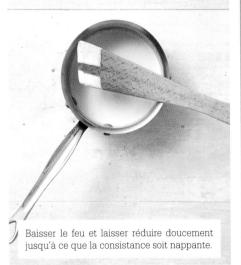

Baisser le feu et laisser réduire doucement jusqu'à ce que la consistance soit nappante.

4

LES ŒUFS COCOTTE

10 MINUTES

+ CUISSON 3 À 4 MIN

Beurrer grassement 8 ramequins avec le beurre, préalablement travaillé en pommade.

Saler et poivrer le fond des ramequins.

Casser un œuf dans chacun d'eux, en veillant à ne pas crever le jaune.

Placer les ramequins dans le bain-marie frémissant.

L'eau du bain-marie doit arriver à la moitié de la hauteur des ramequins ; ajouter de l'eau bouillante si nécessaire.

Faire cuire pendant 3 à 4 minutes ; le blanc doit être encore laiteux, et le jaune cru mais chaud.

Sortir les ramequins l'un après l'autre et les essuyer avec un linge propre.

Verser un cordon de crème réduite sur le blanc d'œuf, sans recouvrir le jaune. Servir avec les asperges.

ŒUFS COCOTTE,
MOUILLETTES
D'ASPERGE VERTE

COQUILLES SAINT-JACQUES
AUX NOISETTES

 1 h PRÉPARATION +   **10 min** CUISSON =   **1 h 10** TOUT COMPRIS   ★★ NIVEAU $$$ BUDGET

INGRÉDIENTS POUR 8 PERSONNES

COQUILLES SAINT-JACQUES ▸ 24

NOISETTES MONDÉES ▸ 125 g (1 tasse)

BEURRE ▸ 80 g (1/3 tasse) + 20 g (1 1/2 c. à soupe)

CIBOULETTE ▸ 1/4 de botte

FLEUR DE SEL

POIVRE BLANC

● **BOISSON** quincy // chablis

COQUILLES ET COQUILLES...

Lors de l'achat des coquilles, il faut lire attentivement l'étiquette, car la législation est assez floue dès qu'il ne s'agit plus de coquillages entiers et frais. Si l'on achète des produits surgelés ou des noix conservées en saumure, il faut bien s'assurer qu'il s'agit d'*Argopecten maximus*!

BIEN AU SEC Ne pas laisser les noix de Saint-Jacques baigner dans l'eau, elles s'en gorgeraient et deviendraient insipides. Les rincer et les poser sur du papier absorbant, puis les couvrir d'une pellicule plastique et les conserver au réfrigérateur.

VITE CUITE La noix de la coquille Saint-Jacques cuit très vite; elle doit rester nacrée à cœur, donc une cuisson d'environ 40 secondes de chaque côté est un maximum.

PAS DE COQUILLES FRAÎCHES?

Utiliser des noix surgelées, mais attention à bien choisir des *Argopecten maximus*.

CORAIL OU PAS?

Le corail se mange, mais ce n'est pas la meilleure partie de la coquille.

CRUE!

Bien fraîche, la noix de Saint-Jacques se déguste aussi en tartare ou en carpaccio. Crue, elle a un petit goût de noisette!

CHANGEMENT D'ASSOCIATIONS

DU RELIEF

▸ Ajouter de fines tranches de lard fumé étalées sur une plaque et séchées au four à 160 °C (325 °F) jusqu'à ce qu'elles soient croustillantes.

ESTIVAL

▸ Accompagner ces Saint-Jacques d'une vinaigrette à base de jus d'orange et d'huile d'olive vierge.

AVEC CETTE RECETTE

JE SAIS MAINTENANT

☐ OUVRIR DES COQUILLES SAINT-JACQUES

☐ FAIRE SAUTER DES NOIX DE SAINT-JACQUES

JE ME NOTE

...... /20

24
COQUILLES SAINT-JACQUES

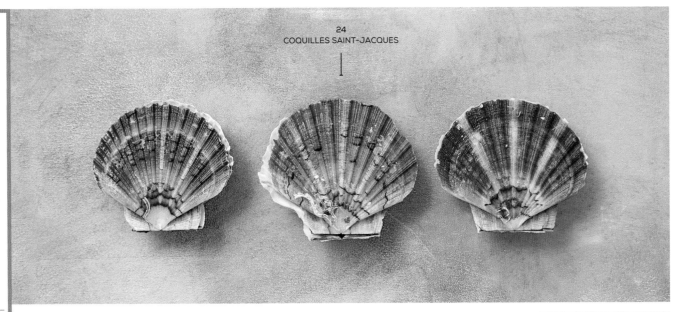

100 G (½ TASSE)
DE BEURRE

¼ DE BOTTE
DE CIBOULETTE

125 G (1 TASSE)
DE NOISETTES MONDÉES

POIVRE BLANC

FLEUR DE SEL

1

PRÉPARER
LES SAINT-JACQUES

Prendre une coquille et la maintenir à plat dans le creux de la main, charnière vers soi.

Glisser la pointe d'un couteau à lame épaisse entre les coquilles pour écarter les valves par effet de levier.

Maintenir la coquille ouverte en plaçant un doigt à l'avant.

Racler la coquille plate avec la lame du couteau inclinée vers le haut pour détacher la noix.

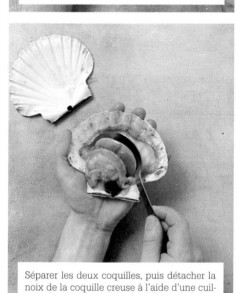

Séparer les deux coquilles, puis détacher la noix de la coquille creuse à l'aide d'une cuillère à soupe.

Séparer du bout des doigts les barbes qui entourent la noix.

Supprimer le corail.

Ôter délicatement la membrane et le petit nerf qui sont accolés à la noix.

Prélever toutes les noix de cette façon, puis les rincer sous un filet d'eau froide et les réserver au frais.

2

TORRÉFIER LES NOISETTES

5 MINUTES

+ CUISSON 5 MIN

Torréfier les noisettes entières à la poêle ou sous le gril du four, puis laisser refroidir.

LA TORRÉFACTION
VA APPORTER
AUX NOISETTES DES ARÔMES
SUPPLÉMENTAIRES ET
UN PETIT GOÛT DE GRILLÉ
TRÈS AGRÉABLE.

Concasser les noisettes.

3

CUIRE LES NOIX DE SAINT-JACQUES

10 MINUTES

+ CUISSON 5 MIN

Éponger soigneusement chaque noix de Saint-Jacques l'une après l'autre à l'aide de papier absorbant.

ENLEVER LE MAXIMUM D'HUMIDITÉ SUR LES NOIX DE SAINT-JACQUES PERMET D'OBTENIR UNE BELLE ET RAPIDE COLORATION DE SURFACE QUAND ON LES CUIT.

Faire fondre 80 g (1/3 tasse) de beurre dans une grande poêle antiadhésive.

Le laisser cuire jusqu'à ce que le beurre devienne « noisette ».

 CONSEIL MasterChef

POUR DEVENIR « NOISETTE »,
LE BEURRE DOIT CUIRE
JUSQU'À CE QU'IL SOIT
D'UN JOLI BRUN DORÉ,
QU'IL SENTE BON LA NOISETTE
ET QU'IL NE FASSE PLUS
DE BRUIT.

Laver la ciboulette, puis la sécher dans du papier absorbant et la ciseler finement.

 CONSEIL MasterChef

**LA CIBOULETTE SE MARIE
TRÈS BIEN AVEC LA NOISETTE**
SI ELLE EST CISELÉE TRÈS
FINEMENT ; SINON, ELLE
APPORTE TROP DE MÂCHE
AU PLAT.

Faire sauter les noix de Saint-Jacques pendant 30 à 40 secondes sur chaque face dans 20 g (1 ½ c. à soupe) de beurre.

Déposer les noix sautées sur du papier absorbant pour éliminer l'excédent de graisse en surface.

Mélanger le beurre noisette, la ciboulette ciselée et les noisettes concassées.

Dresser les noix de Saint-Jacques sur des assiettes chaudes, puis les napper de beurre à la ciboulette et aux noisettes.

Assaisonner de fleur de sel et de poivre du moulin avant de déguster.

COQUILLES
SAINT-JACQUES
AUX NOISETTES

SOUFFLÉS
AU FROMAGE

 45 min
PRÉPARATION

\+

 20 min
CUISSON

\+

 50 min
ATTENTE

\=

 1 h 55
TOUT COMPRIS

★★
NIVEAU

 Ⓢ
BUDGET

INGRÉDIENTS POUR 8 PERSONNES

BEURRE ▸ 80 g (¹/₃ tasse) + 40 g (3 c. à soupe)

FARINE ▸ 80 g (²/₃ tasse) + 75 g (¹/₂ tasse)

LAIT ▸ 500 ml (2 tasses)

SEL

PIMENT DE CAYENNE

NOIX DE MUSCADE

JAUNES D'ŒUFS ▸ 8

FROMAGE RÂPÉ ▸ 300 g (2 ¹/₂ tasses)

BLANCS D'ŒUFS ▸ 10

● **BOISSON** condrieu blanc // chablis

CHANGEMENT D'ASSOCIATIONS

PLUS TYPÉ
▸ Personnaliser les soufflés en utilisant un fromage bien typé : abondance, comté, salers…

JAMBON-FROMAGE
▸ Ajouter au fromage des dés de jambon ou de viande froide.

FERMES MAIS PAS TROP SERRÉS
Il ne faut pas trop serrer les blancs, car ainsi ils ne grainent pas quand on les incorpore à la pâte, et donc ils gardent bien leur eau (qui fait le soufflé). Des blancs fermes mais pas trop serrés sont le gage d'un soufflé réussi!

PAS DE PIMENT DE CAYENNE ?
Utiliser du poivre blanc.

AVEC CETTE RECETTE

JE MAÎTRISE MAINTENANT
☐ LA SAUCE BÉCHAMEL
☐ L'APPAREIL À SOUFFLÉ

ÇA SOUFFLE…
L'eau contenue dans les œufs se transforme en vapeur sous l'action de la chaleur et s'échappe par le haut en faisant souffler la pâte.

ON DÉMOULE ?
Même s'il est possible de démouler un soufflé, il est beaucoup plus sûr de le servir dans le plat de cuisson.

JE ME NOTE

 ....../20

DÉCORER LE SOUFFLÉ
Pour réaliser une jolie décoration sur un soufflé, il suffit de déposer de fines tranches de fromage taillées en losange à la surface du soufflé juste avant de l'enfourner; elles vont fondre et gratiner!

CRÉMERIE

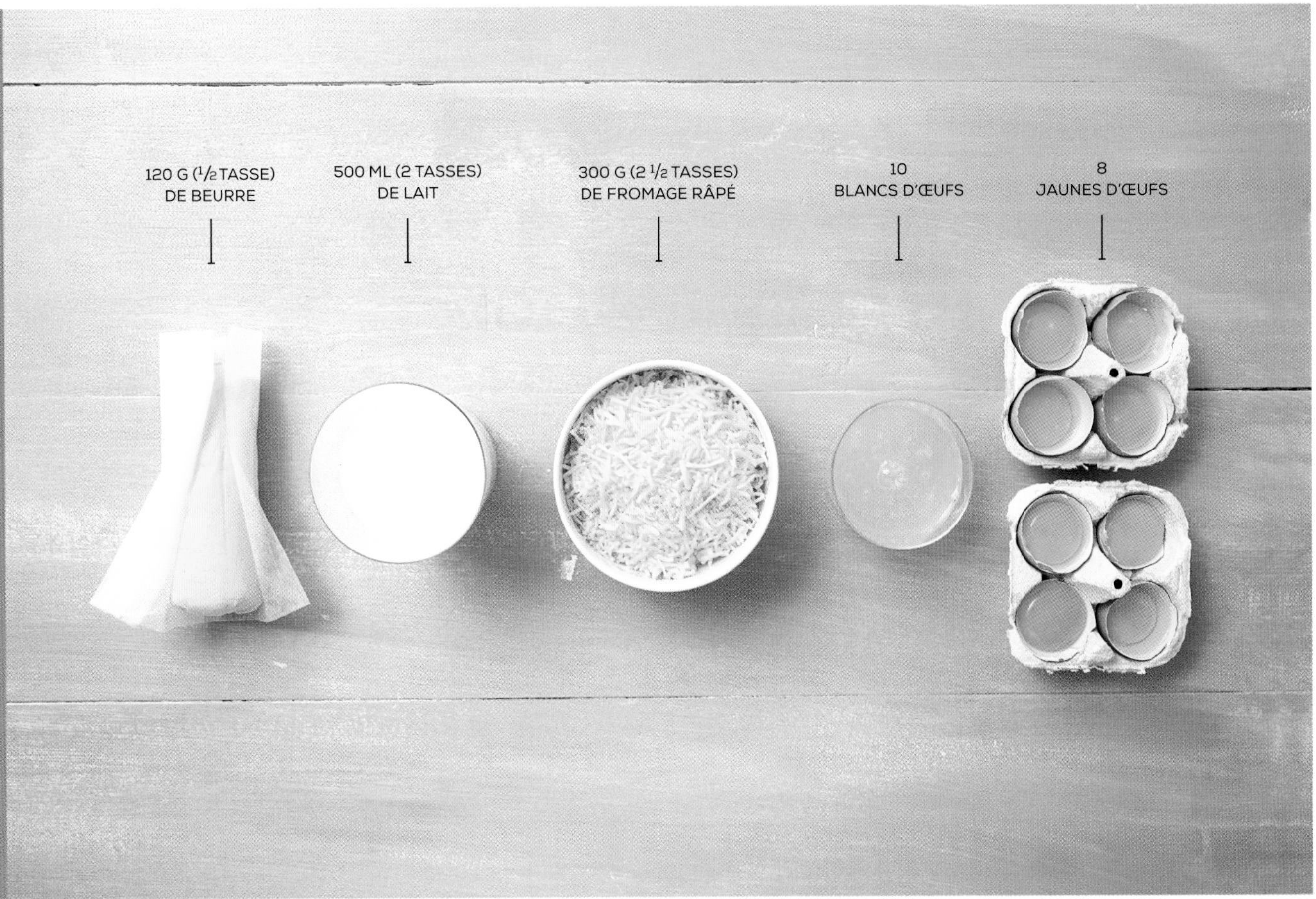
120 G (1/2 TASSE) DE BEURRE
500 ML (2 TASSES) DE LAIT
300 G (2 1/2 TASSES) DE FROMAGE RÂPÉ
10 BLANCS D'ŒUFS
8 JAUNES D'ŒUFS

ÉPICERIE

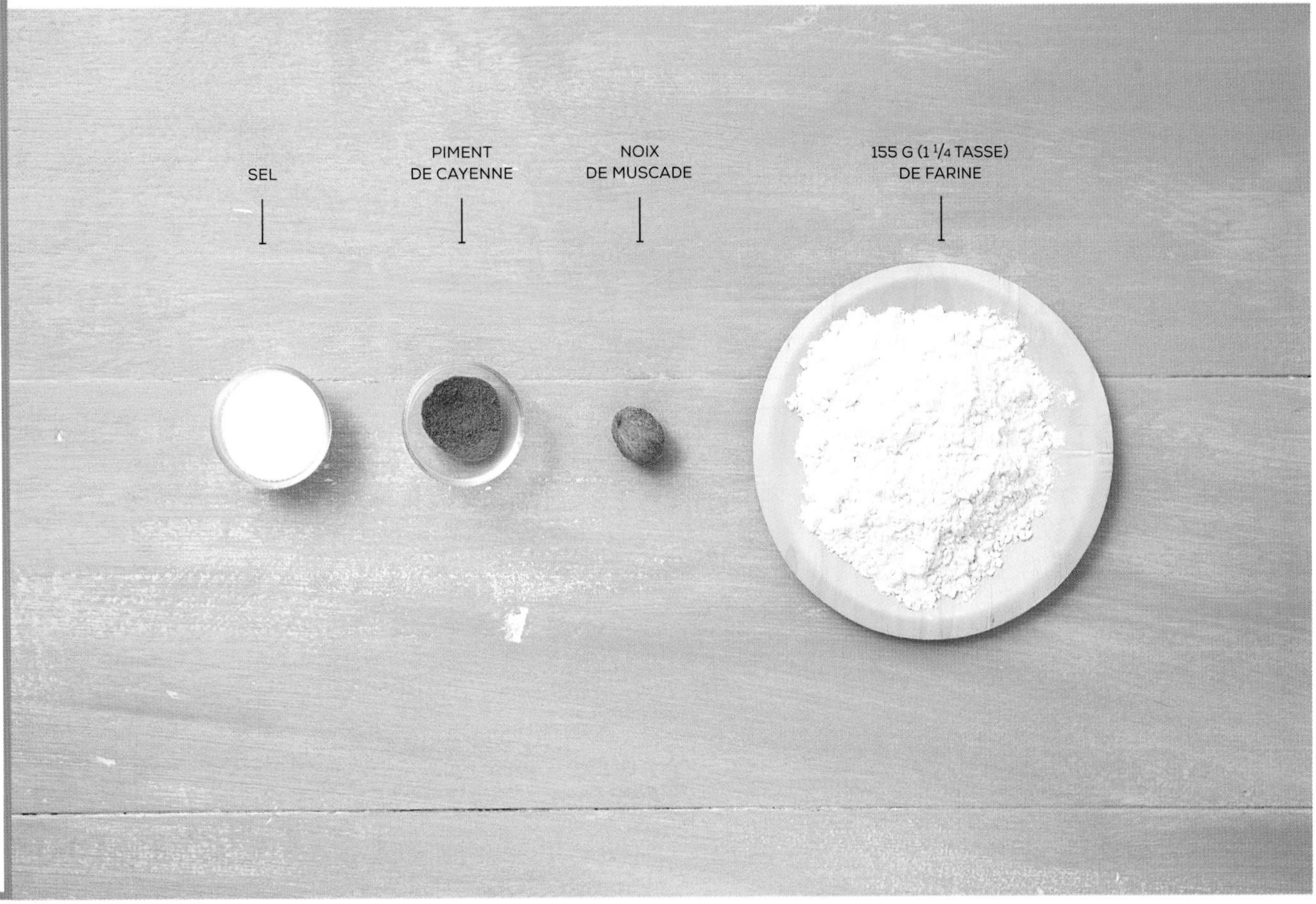
SEL
PIMENT DE CAYENNE
NOIX DE MUSCADE
155 G (1 1/4 TASSE) DE FARINE

1

LE ROUX BLANC

5 MINUTES

+ CUISSON 5 MIN   + ATTENTE 15 MIN

Faire fondre 80 g (¹/₃ tasse) de beurre dans une casserole portée sur feu doux.

Ajouter 80 g (²/₃ tasse) de farine et mélanger, puis laisser cuire quelques instants avant de mélanger à nouveau.

Poursuivre la cuisson jusqu'à la formation d'une mousse blanchâtre en surface. Retirer alors du feu et laisser refroidir.

2

CHEMISER LES MOULES

10 MINUTES

+ ATTENTE 10 MIN

Ramollir 40 g (3 c. à soupe) de beurre jusqu'à ce qu'il prenne la consistance d'une pommade.

Ⓜ CONSEIL MasterChef

LE BEURRE EN POMMADE EST UN BEURRE TRÈS MOU, MAIS PAS FONDU.

ICI, IL EST UTILISÉ POUR DÉPOSER UN FILM GRAS ASSEZ ÉPAIS SUR LA PAROI DES MOULES, CE QUI GARANTIT QUE LES SOUFFLÉS N'ATTACHERONT PAS.

Beurrer grassement 8 ramequins à l'aide d'un pinceau et les réserver au réfrigérateur 10 minutes, le temps que le beurre fige.

Fariner l'intérieur des ramequins, puis éliminer l'excédent de farine en retournant et en tapotant chacun d'eux.

Déposer une petite collerette de beurre sur le bord des ramequins et les réserver au frais.

3

LA SAUCE MORNAY

10 MINUTES

+ CUISSON 5 MIN   + ATTENTE 15 MIN

Assaisonner le lait de sel, de piment et de noix de muscade, puis le porter à ébullition.

Incorporer petit à petit le lait au roux blanc, en mélangeant avec un fouet jusqu'à obtenir une sauce lisse.

Cuire la béchamel sur feux doux en remuant constamment, et maintenir l'ébullition pendant au minimum 30 secondes.

ⓜ CONSEIL MasterChef

L'ÉBULLITION PERMET D'AVOIR UNE LIAISON COMPLÈTE PAR « EXPLOSION » DES GRAINS D'AMIDON, LESQUELS FORMENT UN EMPOIS QUI VA FAIRE ÉPAISSIR LE LAIT.

Hors du feu, incorporer les jaunes d'œufs, puis le fromage râpé.

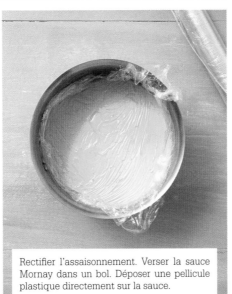

Rectifier l'assaisonnement. Verser la sauce Mornay dans un bol. Déposer une pellicule plastique directement sur la sauce.

PRÉCHAUFFER LE FOUR À 210 °C (400 °F).

J'AJUSTE CETTE TEMPÉRATURE EN FONCTION DE MON FOUR : _____

_____

_____

_____

_____

_____

4

LES BLANCS EN NEIGE

10 MINUTES

Mettre les blancs dans le bol du batteur et les saler légèrement.

Les fouetter doucement pour les casser, puis fouetter plus rapidement pour les monter en neige, sans trop les serrer.

5

LES SOUFFLÉS

10 MINUTES

+ CUISSON 10 MIN   + ATTENTE 10 MIN

Préparer un bain-marie pour cuire les soufflés au four.

Incorporer le tiers des blancs à la sauce Mornay sans trop de précaution, pour obtenir un mélange un peu plus léger.

Incorporer très délicatement le reste des blancs en neige, en coupant l'appareil à l'aide d'une spatule.

Remplir les moules aux trois quarts (sans salir les bords), les poser dans l'eau frémissante du bain-marie et laisser 10 minutes.

Enfourner les soufflés et laisser cuire 5 minutes, puis baisser la température du four à 160 °C (325 °F) et faire cuire encore 5 minutes.

LES ATELIERS DE Ⓜ MasterChef

SOUFFLÉS
AU FROMAGE

  MasterChef

FOIE GRAS
EN TERRINE

 25 min PRÉPARATION + **40 min** CUISSON + **5 h 30** ATTENTE = **6 h 35** TOUT COMPRIS ★★ NIVEAU ⓢⓢ BUDGET

INGRÉDIENTS POUR 8 PERSONNES

FOIE GRAS DE CANARD ▸ 1 d'environ 500 g (1 lb)

SEL ▸ 7 g (1 c. à café)

POIVRE ▸ 1 g (1 ½ c. à café)

NOIX DE MUSCADE ▸ quelques râpures

FÈVES TONKA ▸ quelques râpures

JURANÇON ▸ 200 ml (¾ tasse)

● **BOISSON** thé matcha // vin blanc moelleux ou champagne

CHANGEMENT D'ASSOCIATIONS

EXOTIQUE
▸ Servir le foie gras avec une gelée de wasabi (voir p. 220), la saveur piquante lui va très bien.

AVEC DES LÉGUMES
▸ Alterner dans la terrine couches de foie gras cru et couches de cœurs d'artichaut cuits, puis poursuivre la recette.

 **12 H AVANT**

IL EST POSSIBLE DE DÉVEINER ET D'ASSAISONNER LE FOIE, puis de le laisser mariner dans un plat recouvert d'une pellicule plastique.

PAS DE JURANÇON ?
Le remplacer par le vin blanc moelleux de son choix.

OIE OU CANARD ?
Le foie d'oie est plus fin au goût, mais plus rare et donc difficile à trouver.

PESER L'ASSAISONNEMENT !
Pour bien assaisonner le foie gras, il faut peser le sel et le poivre : on compte 14 g (2 c. à café) de sel et 2 à 3 g (¼ à ½ c. à café) de poivre pour 1 kg (2 lb) de foie.

AVEC LA GRAISSE EN TROP
Utiliser le surplus de graisse pour faire sauter des pommes de terre... C'est excellent !

ENCORE MEILLEUR
Laisser le foie 4 à 5 jours au froid, dans une pellicule plastique, pour que tous les parfums se mélangent et qu'il soit encore plus riche au goût.

AVEC CETTE RECETTE

JE MAÎTRISE MAINTENANT

☐ LE DÉVEINAGE DU FOIE GRAS

☐ L'INDICATEUR DE CUISSON DU FOIE GRAS

JE ME NOTE

....../20

BOUCHERIE

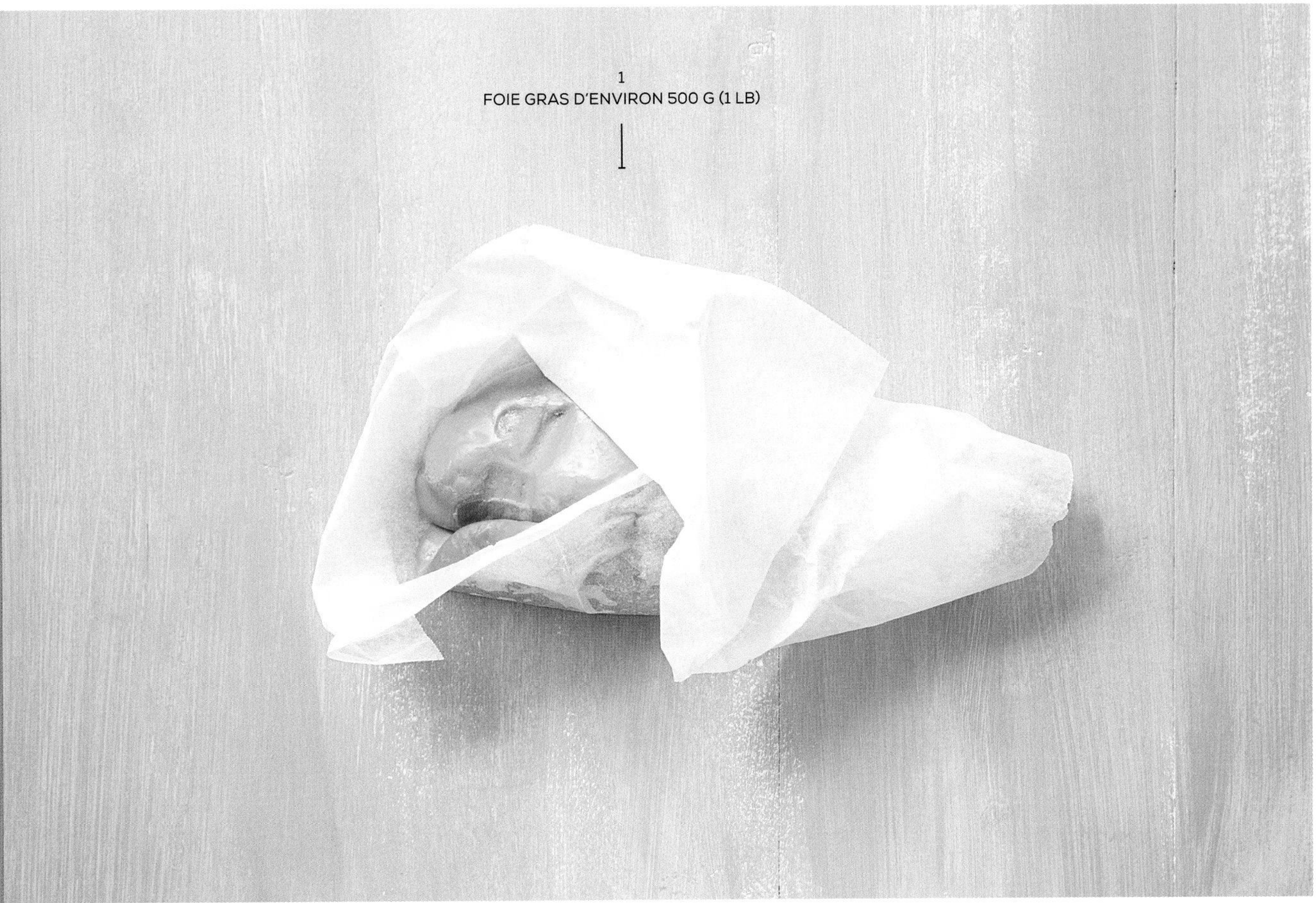
1
FOIE GRAS D'ENVIRON 500 G (1 LB)

ÉPICERIE

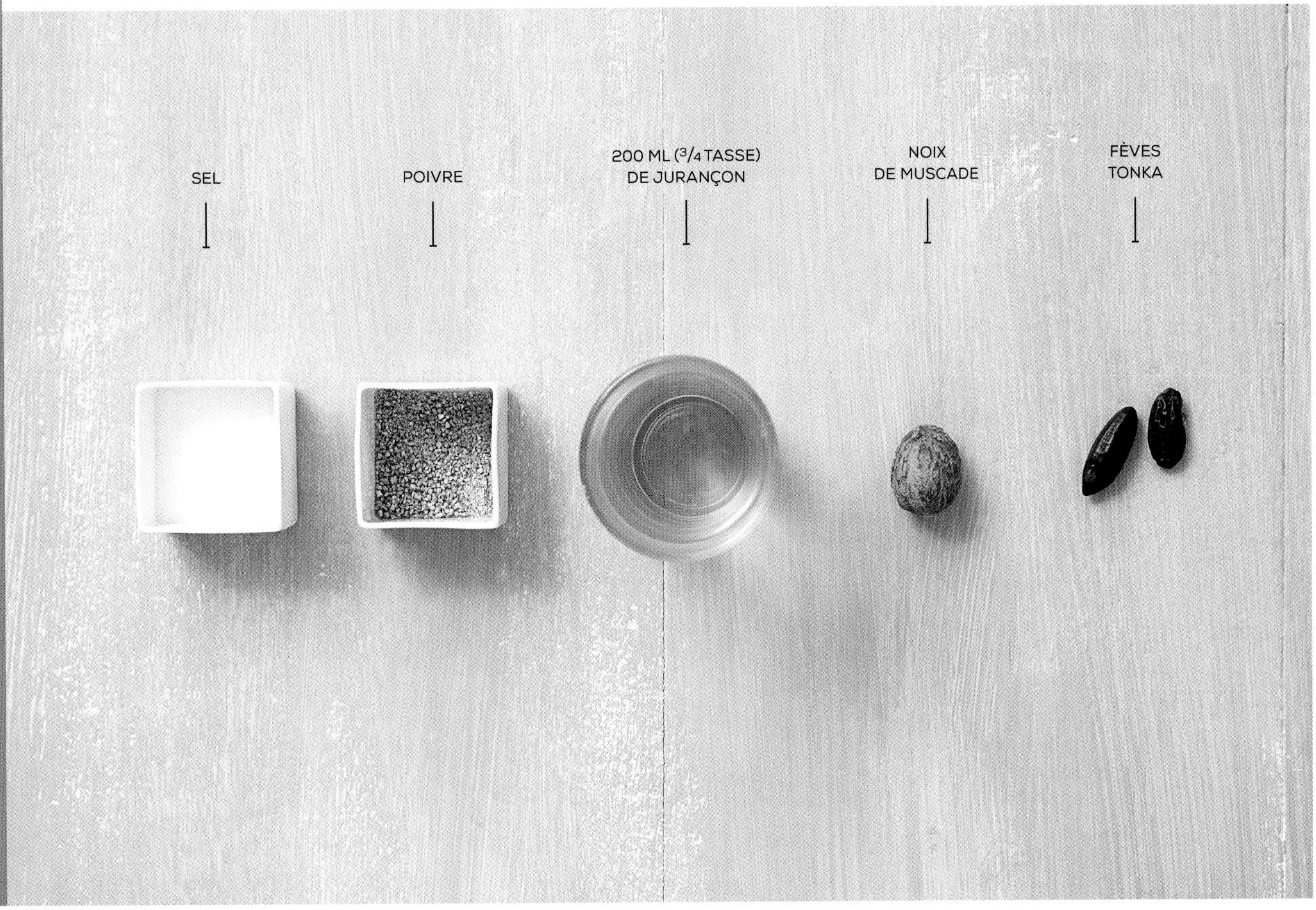
SEL
POIVRE
200 ML (3/4 TASSE) DE JURANÇON
NOIX DE MUSCADE
FÈVES TONKA

1

DÉVEINER LE FOIE

10 MINUTES

+ ATTENTE 1 H

Sortir le foie et le faire tremper dans de l'eau à température ambiante pendant au moins 1 heure.

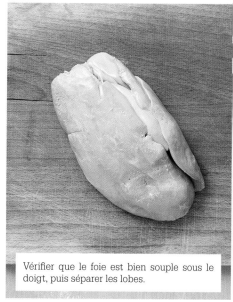

Vérifier que le foie est bien souple sous le doigt, puis séparer les lobes.

CONSEIL MasterChef

IL EST POSSIBLE D'ENLEVER LA FINE PELLICULE QUI RECOUVRE LE FOIE SI ELLE EST UN PEU ÉPAISSE, POUR S'ASSURER QUE LE FOIE GRAS SERA PARFAITEMENT ONCTUEUX.

Ouvrir chaque lobe pour mettre à nu le réseau veineux, puis suivre les veines avec la pointe d'un couteau et les ôter toutes.

CONSEIL MasterChef

RÉCUPÉRER LES PARCELLES DE FOIE QUI SONT RESTÉES ATTACHÉES AUX VEINES ET LES REMETTRE DANS LES LOBES.

2

ASSAISONNER LE FOIE

5 MINUTES

+ ATTENTE AU MOINS 1 H

Mélanger le sel, le poivre et un peu de noix de muscade et de fèves tonka râpées.

Poser les lobes sur le plan de travail, côté extérieur en dessous, et répartir la moitié des épices sur la partie intérieure.

Retourner le foie gras, le badigeonner de vin avec un pinceau et le parsemer du reste des épices.

Mouler en terrine, en commençant par poser le petit lobe au fond, côté ouvert vers le haut.

Ajouter le gros lobe, côté ouvert vers le bas. Ainsi, les parties externes du foie sont en haut et en bas.

Presser régulièrement le foie sur toute la surface pour bien le tasser dans la terrine.

Couvrir la terrine de pellicule plastique et réserver à température ambiante pendant au moins 1 heure.

CONSEIL MasterChef

SI LE FOIE DOIT ATTENDRE PLUS LONGTEMPS (AU PLUS 24 HEURES), LE RÉSERVER AU RÉFRIGÉRATEUR. NE PAS OUBLIER DE LE SORTIR 40 MINUTES AVANT DE LE METTRE À CUIRE.

3

MISE EN CUISSON

5 MINUTES

+ CUISSON 40 MIN

PRÉCHAUFFER LE FOUR À 125 °C (250 °F).

J'AJUSTE CETTE TEMPÉRATURE EN FONCTION DE MON FOUR : _____

_____

_____

_____

_____

_____

Enlever la pellicule plastique et glisser la terrine dans le four, à mi-hauteur.

Surveiller la cuisson, qui doit durer environ 40 minutes : lorsque le gras fondu fait 1 cm (¹/₃ po) de large, le foie est cuit.

4

FINITION

5 MINUTES

+ ATTENTE 3 H 30

Sortir le foie cuit et le laisser reposer 1 heure à température ambiante.

Récupérer l'excès de graisse dans une petite casserole, et réserver.

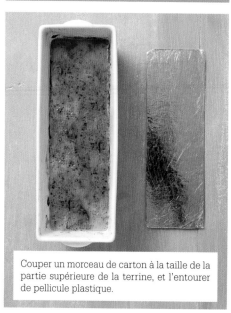

Couper un morceau de carton à la taille de la partie supérieure de la terrine, et l'entourer de pellicule plastique.

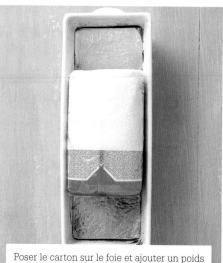

Poser le carton sur le foie et ajouter un poids dessus pour tasser la terrine. Réfrigérer pendant au moins 2 h 30.

Faire fondre la graisse réservée à feu doux. La verser dans la terrine de façon à couvrir le foie, pour le protéger de l'oxydation.

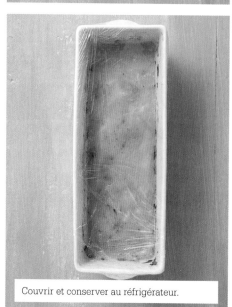

Couvrir et conserver au réfrigérateur.

ⓜ CONSEIL MasterChef

DÉGUSTER AVEC DES TRANCHES DE PAIN DE CAMPAGNE TOASTÉES PLUTÔT QU'AVEC DU PAIN DE MIE, TROP MOU…

 **LES ATELIERS DE MasterChef**

SAUMON FUMÉ

 30 min
PRÉPARATION

+

 4 jours
ATTENTE

=

 4 jours
TOUT COMPRIS

 ★★
NIVEAU

 $
BUDGET

INGRÉDIENTS POUR 8 PERSONNES

FILET DE SAUMON (AVEC LA PEAU) ▶ 1

BAIES DE GENIÈVRE ▶ 6 c. à soupe

GROS SEL ▶ 600 g (2 ½ tasses)

SUCRE GRANULÉ ▶ 125 g (²/₃ tasse)

SCIURE DE HÊTRE ▶ 1 litre (4 tasses)

HUILE DE TOURNESOL ▶ 100 ml (½ tasse)

● **BOISSON** pouilly fumé // gewurztraminer

CHANGEMENT D'ASSOCIATIONS

PLUS CROUSTILLANT

▶ Servir le saumon fumé avec du pain de campagne toasté plutôt que du pain de mie.

AUTRES POISSONS FUMÉS

▶ Tous les poissons peuvent être fumés à froid; il faut alors adapter les temps de salaison et de fumage à l'épaisseur des filets.

ÉLEVAGE!

Pour le fumage, choisir du saumon d'élevage bio ou doté d'un label plutôt que du saumon sauvage. Le saumon d'élevage étant un peu plus gras, il fixera mieux les arômes de fumée.

FUMOIR

On trouve facilement des fumoirs à poisson dans certains magasins spécialisés (fournitures pour barbecue, articles de pêche...) ou sur Internet, et ce, pour un coût très raisonnable.

AVEC LES RESTES

Utiliser les restes de saumon fumé pour enrichir un plat de pâtes ou une quiche, ou pour confectionner des rillettes de saumon (voir p. 220) frais et fumé.

COMMENT LE COUPER?

Trancher le filet en biais, de la tête vers la queue, et huiler la lame avant de commencer à couper pour l'empêcher de « coller » au saumon.

PETITE SAUCE

Mélanger 200 ml (³/₄ tasse) de crème avec le jus d'un demi-citron, de la ciboulette et de l'aneth hachés, du sel et du piment d'Espelette.

AVEC CETTE RECETTE

JE MAÎTRISE MAINTENANT

☐ LE SALAGE DU FILET DE SAUMON
☐ LE FUMAGE DU SAUMON

JE ME NOTE

 ...... /20

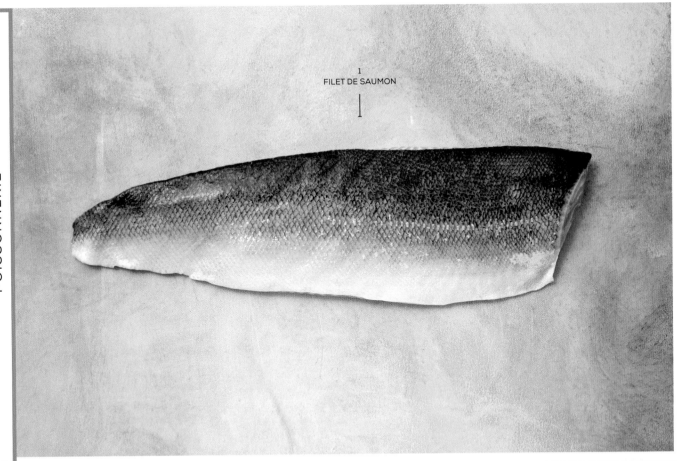

1
FILET DE SAUMON

100 ML (½ TASSE)
D'HUILE DE TOURNESOL

125 G (²/₃ TASSE)
DE SUCRE GRANULÉ

1 LITRE (4 TASSES)
DE SCIURE DE HÊTRE

600 G (2 ½ TASSES)
DE GROS SEL

6 C. À SOUPE
DE BAIES DE GENIÈVRE

1

PRÉPARER
LE FILET DE SAUMON

10 MINUTES

Rincer soigneusement le filet de saumon, puis le sécher délicatement avec du papier absorbant.

Enlever les arêtes à l'aide d'une petite pince.

2

SALER LE FILET

5 MINUTES

+ ATTENTE 12 H

Mixer les baies de genièvre jusqu'à les réduire en poudre.

Mélanger le gros sel, le sucre et la poudre de genièvre.

(m) CONSEIL **MasterChef**

LE SUCRE PERMET « D'OUVRIR » LES PORES DU POISSON ; AINSI, LE SEL PÉNÈTRE PLUS FACILEMENT.

Étaler la moitié du sel épicé dans un grand plat peu profond, en une couche uniforme.

(m) CONSEIL **MasterChef**

LE SEL VA ASSÉCHER LA CHAIR DU POISSON, ET L'ASSAISONNER EN MÊME TEMPS.

Déposer le filet de saumon côté peau sur le lit de sel et le recouvrir uniformément du reste de sel.

Couvrir d'une pellicule plastique et réserver au réfrigérateur pendant environ 12 heures.

3

RINCER LE FILET

5 MINUTES

+ ATTENTE 12 H

Éliminer délicatement le plus possible de sel du bout des doigts.

Rincer soigneusement le filet sous un filet d'eau froide.

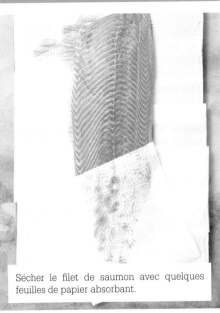

Sécher le filet de saumon avec quelques feuilles de papier absorbant.

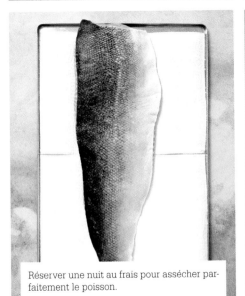

Réserver une nuit au frais pour assécher parfaitement le poisson.

4

FUMER LE FILET DE SAUMON

5 MINUTES

+ ATTENTE DE 4 À 6 H

Disposer le filet de saumon sur la grille du fumoir (ou l'accrocher s'il s'agit d'un fumoir vertical).

Commencer par faire flamber une petite partie de la sciure dans le tiroir à sciure.

Étouffer le feu en le couvrant d'une couche de sciure pour assurer la production de fumée.

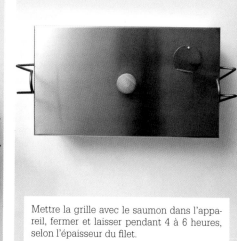

Mettre la grille avec le saumon dans l'appareil, fermer et laisser pendant 4 à 6 heures, selon l'épaisseur du filet.

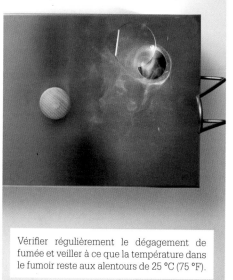

Vérifier régulièrement le dégagement de fumée et veiller à ce que la température dans le fumoir reste aux alentours de 25 °C (75 °F).

5

MATURATION

5
MINUTES

+ ATTENTE 2 À 3 JOURS

Huiler au pinceau toute la surface du poisson.

Emballer le filet de saumon de pellicule plastique, le plus hermétiquement possible.

Réfrigérer 2 à 3 jours avant de consommer, afin que la saveur fumée se mêle bien à celle de la chair.

 LES ATELIERS DE MasterChef

TERRINE DE LAPIN
AUX FOIES DE VOLAILLE

 1 h 20 PRÉPARATION + 2 h CUISSON + 24 h (au moins) ATTENTE = 48 h + 3 h 20 TOUT COMPRIS ★★ NIVEAU BUDGET

INGRÉDIENTS POUR 1 TERRINE D'ENVIRON 1,5 KG (3 ⅓ LB)

UN LAPIN (OU 6 CUISSES OU 4 RÂBLES) ▶ environ 1,6 kg (3 ½ lb)

FOIES DE VOLAILLE ▶ 200 g (½ lb)

ÉCHINE DE PORC ▶ 500 g (1 lb)

LAIT ▶ 250 ml (1 tasse) + 200 ml (¾ tasse)

SEL ▶ 30 g (5 c. à café)

POIVRE ▶ 3 g (1 c. à café)

NOIX DE MUSCADE ▶ 1 pincée

COGNAC ▶ 150 ml (⅔ tasse)

CRÉPINE DE PORC ▶ 1

LAURIER ▶ 1 feuille

THYM ▶ quelques brins

BARDE DE PORC ▶ 1

CHARTREUSE VERTE ▶ 30 ml (2 c. à soupe)

GELÉE ▶ 500 ml (2 tasses)

● **BOISSON** beaujolais village // châteauneuf-du-pape

CHANGEMENT D'ASSOCIATIONS

PLUS DE RELIEF

▶ Ajouter des noisettes et du poivre vert pour donner plus de caractère à la terrine.

PLUS DE MÂCHE

▶ Ajouter des dés de foie gras cru et de jambon blanc pour apporter de la mâche à la terrine.

AVEC CETTE RECETTE

JE SAIS MAINTENANT

☐ MARINER UNE VIANDE
☐ RÉALISER DES LÈCHES
☐ FAIRE UNE FARCE À PÂTÉ

 **24 H AVANT** PRÉPARER LES CHAIRS ET FAIRE MARINER LES VIANDES.

PAS DE CHARTREUSE ?
La remplacer par un soupçon de whisky.

JE ME NOTE

....../20

RETOUR DE CHASSE

Cette base de terrine est transposable avec n'importe quelle viande maigre à la place du lapin. Perdrix, lièvre et chevreuil sont délicieux en terrine.

SANS PORC ?
Le porc est indispensable dans cette terrine, car il apporte le côté gras essentiel à sa texture.

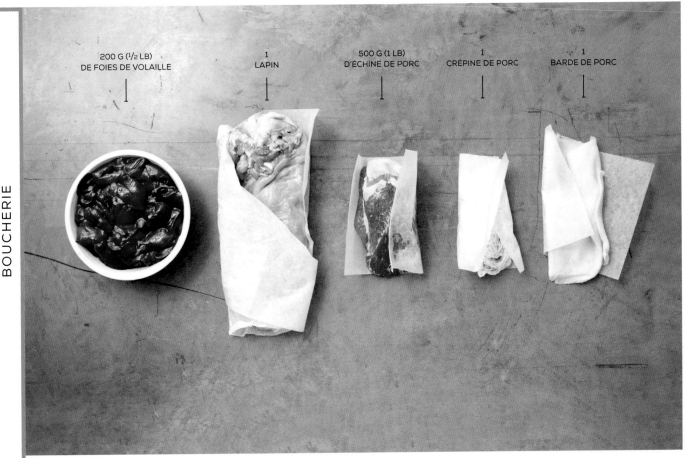

200 G (½ LB)
DE FOIES DE VOLAILLE

1
LAPIN

500 G (1 LB)
D'ÉCHINE DE PORC

1
CRÉPINE DE PORC

1
BARDE DE PORC

CRÉMERIE / ÉPICERIE

1 FEUILLE
DE LAURIER

1 PINCÉE
DE NOIX DE MUSCADE

30 G (5 C. À CAFÉ)
DE SEL

450 ML (1 ¾ TASSE)
DE LAIT

500 ML (2 TASSES)
DE GELÉE

150 ML (⅔ TASSE)
DE COGNAC

30 ML (2 C. À SOUPE)
DE CHARTREUSE VERTE

QUELQUES BRINS
DE THYM

3 G (1 C. À CAFÉ)
DE POIVRE

1

LA VEILLE
PRÉPARER LES CHAIRS

45 MINUTES

Désosser le lapin et réserver les rognons. Dénerver les foies et enlever toute trace de fiel.

 CONSEIL MasterChef

IL VAUT MIEUX RETIRER UN PEU DE FOIE PROPRE QUE DE LAISSER DES TRACES DE FIEL, QUI DONNERAIENT DE L'AMERTUME À LA TERRINE.

Dénerver grossièrement les morceaux de lapin si nécessaire.

 CONSEIL MasterChef

IL FAUT RETIRER LES NERFS : CES «FILS» BLANCHÂTRES ET RIGIDES, ÉLASTIQUES LORSQU'ILS SONT CUITS, SERAIENT TRÈS DIFFICILES À COUPER DANS LA TERRINE ET DÉSAGRÉABLES EN BOUCHE.

2

MARINER LES VIANDES

5 MINUTES

+ ATTENTE 12 H

Immerger foies et rognons dans 250 ml (1 tasse) de lait. Réserver le tout au frais.

 CONSEIL MasterChef

LE LAIT VA RINCER LES FOIES ET LES ROGNONS, ET ÉLIMINER TOUTE TRACE DE SANG.

Mettre 500 g (1 lb) de chair de lapin et 500 g (1 lb) d'échine de porc coupée en morceaux dans un grand bol.

Assaisonner de sel, de poivre et de noix de muscade, arroser de cognac et laisser mariner 12 heures au frais.

CONSEIL MasterChef

FAIRE MARINER LES VIANDES PENDANT 12 HEURES EST UN MINIMUM ; L'IDÉAL EST DE LES LAISSER 24 HEURES.

3

LE LENDEMAIN
PRÉPARER LA TERRINE

5 MINUTES

Laver la crépine de porc sous un filet d'eau courante.

Disposer la feuille de laurier et les brins de thym au fond de la terrine.

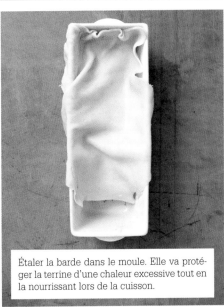

Étaler la barde dans le moule. Elle va protéger la terrine d'une chaleur excessive tout en la nourrissant lors de la cuisson.

4

PRÉPARER LA FARCE

15 MINUTES

PRÉCHAUFFER LE FOUR À 220 °C (450 °F).

J'AJUSTE CETTE TEMPÉRATURE EN FONCTION DE MON FOUR : _____

_____

_____

_____

_____

_____

Égoutter les viandes en réservant la marinade, puis tailler quelques lèches dans un gros morceau de lapin.

CONSEIL MasterChef

LES LÈCHES SONT DE LONGS BÂTONNETS DE VIANDE ÉPAIS D'ENVIRON 1 CM (1/3 PO).

Passer le reste des morceaux de lapin au hachoir à viande ou les hacher au robot. Faire de même avec les morceaux d'échine.

Alterner couches de lapin haché et couches d'échine de porc dans un grand bol.

Mélanger, puis ajouter progressivement la chartreuse, la marinade et du lait, jusqu'à l'obtention d'un mélange souple et homogène.

5

(10 MINUTES)

+ CUISSON 2 H   + ATTENTE 12 H

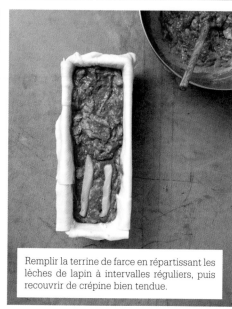

Remplir la terrine de farce en répartissant les lèches de lapin à intervalles réguliers, puis recouvrir de crépine bien tendue.

Enfourner pour 30 minutes. Baisser alors la température à 120 °C (250 °F) et poursuivre la cuisson au bain-marie pendant 1 h 30.

Vérifier la cuisson et vider le jus pour le remplacer par de la gelée.

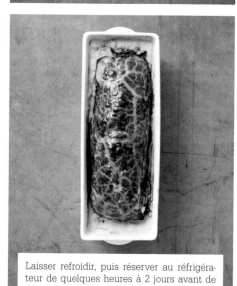

Laisser refroidir, puis réserver au réfrigérateur de quelques heures à 2 jours avant de déguster.

**TERRINE DE LAPIN
AUX FOIES
DE VOLAILLE**

ALLUMETTES
AU FROMAGE

 1 h
PRÉPARATION

+

 40 min
CUISSON

+

 1 h 45
ATTENTE

=

 3 h 25
TOUT COMPRIS

★★★
NIVEAU

 $
BUDGET

INGRÉDIENTS POUR 8 PERSONNES

SEL

EAU FROIDE ▸ 200 g (³/₄ tasse) + 1 c. à soupe

BEURRE ▸ 30 g (2 c. à soupe) + 270 g (1 ¼ tasse) + 40 g (¼ tasse)

FARINE ▸ 400 g (2 ³/₄ tasses) + 50 g (¹/₃ tasse) (pour fleurer) + 40 g (¹/₃ tasse)

LAIT ▸ 330 ml (1 ¼ tasse)

POIVRE BLANC OU PIMENT

NOIX DE MUSCADE

JAUNES D'ŒUFS ▸ 3

FROMAGE RÂPÉ ▸ 100 g (³/₄ tasse)

BLANC D'ŒUF ▸ 1

● **BOISSON** côtes-du-jura blanc // cahors rouge

CHANGEMENT D'ASSOCIATIONS

ALLUMETTES FLORENTINES
▸ Additionner la sauce Mornay d'épinards sautés et hachés.

ALLUMETTES AUX FRUITS DE MER
▸ Ajouter des crevettes et des moules, cuites et grossièrement hachées.

 **2 H AVANT**

PRÉPARER LA PÂTE À L'AVANCE permet de lui assurer un long repos qui laisse au gluten le temps de se « replacer », ce qui limite les risques de déformation de la pâte à la cuisson.

PAS DE FROMAGE RÂPÉ ?
Mettre n'importe quel autre fromage de son choix, coupé en tout petits morceaux pour qu'il fonde rapidement.

POURQUOI LE ROUX FROID ET LE LAIT CHAUD ? Le volume de « chaud » étant plus important que le volume de « froid », la sauce sera réalisée plus rapidement.

BEURRE DE TOURAGE... Ce beurre « spécial feuilletage » est très sec et fond moins facilement. À défaut, prendre un beurre d'excellente qualité (AOC si possible).

QUAND METTRE LE FROMAGE
Le fromage doit être incorporé à la fin, car son acidité fait relâcher la sauce.

AVEC CETTE RECETTE

JE MAÎTRISE MAINTENANT

☐ LA PÂTE FEUILLETÉE
☐ LA SAUCE MORNAY
☐ LE MONTAGE D'UNE ALLUMETTE

JE ME NOTE

....../20

CRÉMERIE

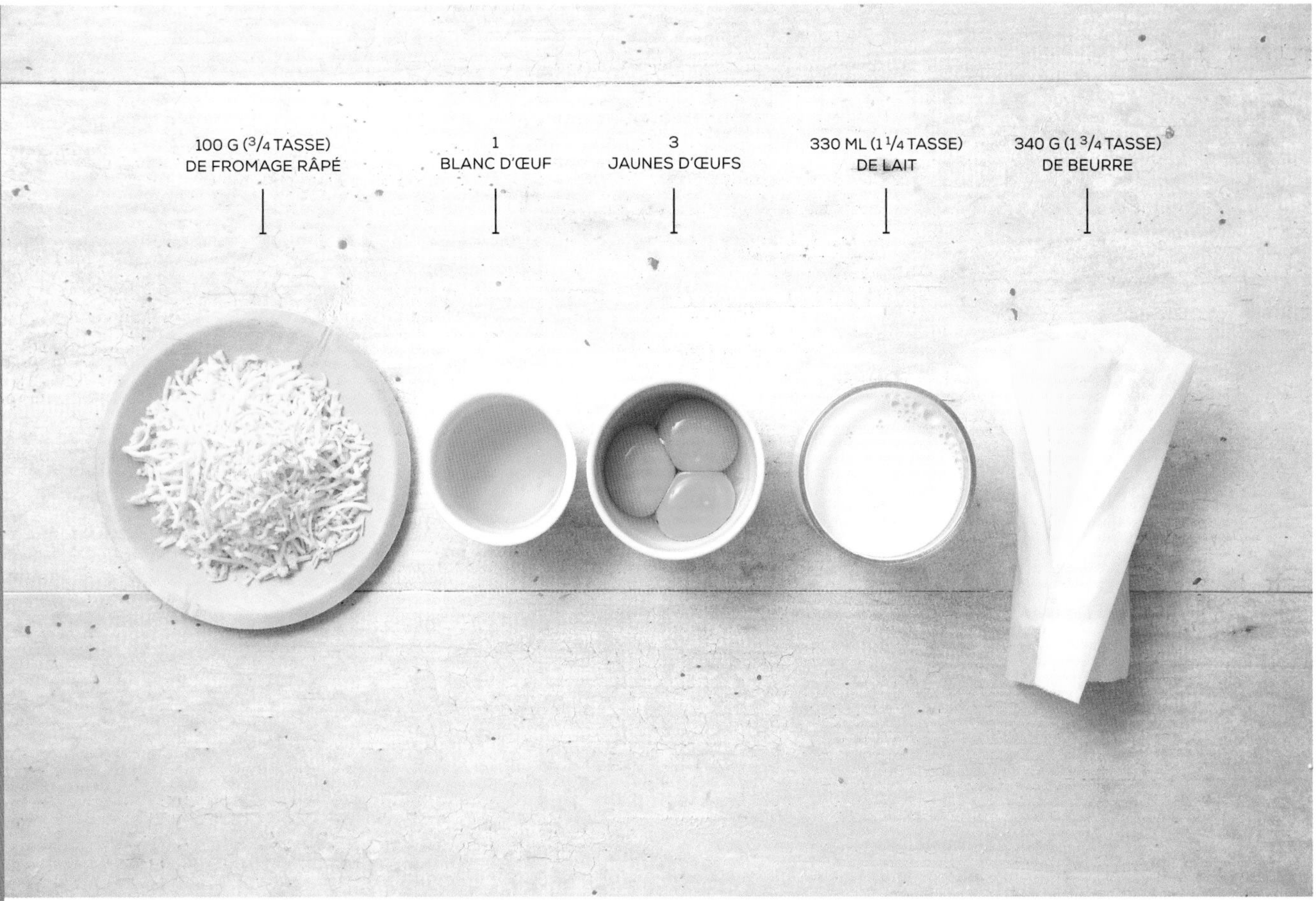

100 G (³/₄ TASSE)
DE FROMAGE RÂPÉ

1
BLANC D'ŒUF

3
JAUNES D'ŒUFS

330 ML (1 ¼ TASSE)
DE LAIT

340 G (1 ³/₄ TASSE)
DE BEURRE

ÉPICERIE

490 G (3 ¹/₃ TASSES)
DE FARINE

200 G (³/₄ TASSE)
D'EAU

NOIX
DE MUSCADE

SEL

PIMENT OU
POIVRE BLANC

1

LA DÉTREMPE

5 MINUTES

+ ATTENTE 10 MIN

Dissoudre 8 g (1 c. à café) de sel dans 200 g (³/₄ tasse) d'eau. Incorporer 30 g (2 c. à soupe) de beurre fondu tiède et l'eau salée à 400 g (2 ³/₄ tasses) de farine.

La détrempe doit être homogène mais pas trop travaillée (elle deviendrait élastique). Couvrir d'une pellicule plastique. Réfrigérer.

2

LA PÂTE FEUILLETÉE

20 MINUTES

+ ATTENTE 55 MIN

Mettre 270 g (1 ¹/₄ tasse) de beurre entre deux feuilles de papier sulfurisé et le ramollir au rouleau tout en formant un carré de 15 cm de côté.

Fariner le plan de travail et abaisser la détrempe en un disque d'environ 1,5 cm (²/₃ po) d'épaisseur.

Placer le beurre au centre de la détrempe, replier les bords comme une enveloppe et « sceller la pâte » en appuyant avec le rouleau.

Abaisser la pâte en un rectangle de 1,5 cm (²/₃ po) d'épaisseur. Ôter l'excédent de farine et replier la bande en trois, en portefeuille.

Tourner le pâton de 90° sur la droite et souder les trois couches en passant le rouleau dessus sans trop appuyer (premier tour).

Répéter l'opération, puis marquer le pâton de deux empreintes de doigt (pour indiquer deux tours). Réserver 20 minutes au frais.

CONSEIL MasterChef

MARQUER LA PÂTE PERMET DE NE PAS SE TROMPER QUANT AU NOMBRE DE TOURS DÉJÀ EFFECTUÉS.

Poser la pâte sur le plan de travail fariné et faire deux tours de plus. Marquer de quatre empreintes et mettre 20 minutes au frais.

Effectuer les deux derniers tours et laisser 15 minutes au frais.

3

LA SAUCE MORNAY

15 MINUTES

+ CUISSON **10 MIN** + ATTENTE **30 MIN**

Faire fondre 40 g ($^{1}/_{4}$ tasse) de beurre. Incorporer 40 g ($^{1}/_{3}$ tasse) de farine et faire cuire : le roux doit devenir blanc et mousseux. Laisser refroidir.

Porter le lait à ébullition. En verser la moitié sur le roux froid, mélanger au fouet et incorporer peu à peu le reste de lait.

Assaisonner la sauce, la porter à ébullition et la laisser cuire à feu doux 5 minutes en remuant sans cesse.

Retirer du feu et incorporer 2 jaunes d'œufs, et le fromage. Rectifier l'assaisonnement. Placer une pellicule plastique directement sur la crème.

4

LES ALLUMETTES AU FROMAGE

20 MINUTES

+ CUISSON **30 MIN**   + ATTENTE **10 MIN**

Abaisser la pâte feuilletée en une longue bande d'environ 20 cm (8 po) de large et 3 mm (1/8 po) d'épaisseur.

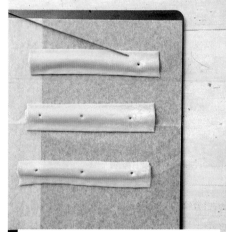

Transférer la sauce dans une poche à douille et la coucher en petits boudins espacés les uns des autres sur une moitié de la bande.

Badigeonner de blanc d'œuf au pinceau l'autre moitié de la bande, puis la rabattre sur les boudins de sauce Mornay.

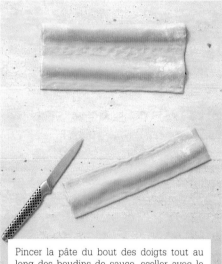

Pincer la pâte du bout des doigts tout au long des boudins de sauce, sceller avec le dos d'un couteau et détailler en allumettes.

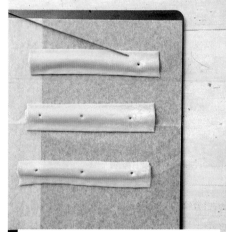

Percer les allumettes de quelques trous. Les poser sur une plaque tapissée de papier sulfurisé et réserver 10 minutes au frais.

Badigeonner les allumettes de jaune d'œuf additionné d'un peu d'eau salée, puis rayer la surface avec les dents d'une fourchette.

🔲 **PRÉCHAUFFER LE FOUR À 240 °C (465 °F).**

J'AJUSTE CETTE TEMPÉRATURE EN FONCTION DE MON FOUR : _____

_____

_____

_____

_____

_____

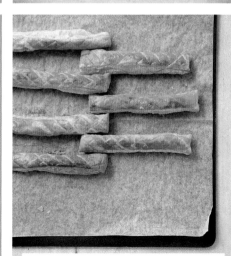

Enfourner, baisser aussitôt la température à 180 °C (350 °F) et laisser cuire 30 minutes. Laisser reposer au chaud sur une grille.

LES ATELIERS DE  MasterChef

VOL-AU-VENT

 1 h 5 PRÉPARATION + **1 h 40** CUISSON + **45 min** ATTENTE = **3 h 30** TOUT COMPRIS   ★★★ NIVEAU   NIVEAU BUDGET

INGRÉDIENTS POUR 8 PERSONNES

CAROTTE ▶ 50 g (1/2 tasse)

OIGNON ▶ 100 g (3/4 tasse)

BLANC DE POIREAU ▶ 100 g (1 1/4 tasse)

EAU ▶ 1 litre (4 tasses) + 100 ml (1/2 tasse) + 50 ml (1/4 tasse)

SEL

BOUQUET GARNI ▶ 1

SUPRÊMES DE VOLAILLE ▶ 4

BEURRE ▶ 35 g (3 c. à soupe) + 20 g (1 1/2 c. à soupe) + 20 g (1 1/2 c. à soupe)

FARINE ▶ 35 g (1/4 tasse) + 50 g (1/3 tasse)

CITRON ▶ 1

CHAMPIGNONS DE PARIS ▶ 250 g (3 3/4 tasses)

PÂTE FEUILLETÉE (VOIR P. 56) ▶ 1

JAUNE D'ŒUF ▶ 1

QUENELLES DE VOLAILLE ▶ 200 g (1/2 lb)

CRÈME ▶ 100 ml (1/2 tasse)

● **BOISSON** meursault // pouilly fumé

CHANGEMENT D'ASSOCIATIONS

TOUCHE EXOTIQUE

▶ Ajouter du cari et un peu de lait de coco donne un goût exotique au vol-au-vent.

AVEC DES RIS DE VEAU

▶ Remplacer la volaille par des ris de veau et ajouter des champignons des bois.

AVEC CETTE RECETTE

JE MAÎTRISE MAINTENANT

☐ LE MONTAGE DU VOL-AU-VENT
☐ LA SAUCE CRÈME

_____

_____ JE ME NOTE

_____

_____

_____ ...... /20

EXCEPTIONNEL

Ajouter des lamelles de truffe et un peu d'essence de truffe à la sauce pour en faire un plat d'exception.

PAS DE VOLAILLE ?

La remplacer par une viande cuite et tendre, comme du veau, ou par un poisson un peu ferme, comme de la sole, du turbot ou de la lotte.

QUENELLES MAISON

Confectionner ses propres quenelles est l'idéal; à défaut, les acheter chez le boucher ou au rayon frais du supermarché.

MINI MINI...

Réaliser cette recette en miniature permet d'obtenir de délicieuses mises en bouche.

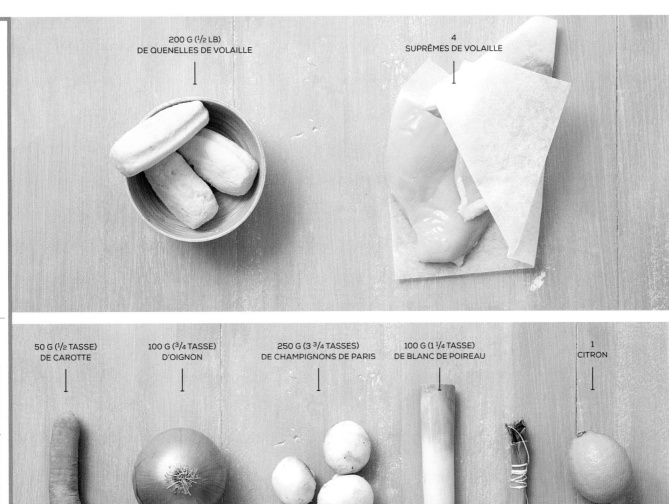

200 G (¹/₂ LB)
DE QUENELLES DE VOLAILLE

4
SUPRÊMES DE VOLAILLE

50 G (¹/₂ TASSE)
DE CAROTTE

100 G (³/₄ TASSE)
D'OIGNON

250 G (3 ³/₄ TASSES)
DE CHAMPIGNONS DE PARIS

100 G (1 ¹/₄ TASSE)
DE BLANC DE POIREAU

1
CITRON

1
BOUQUET GARNI

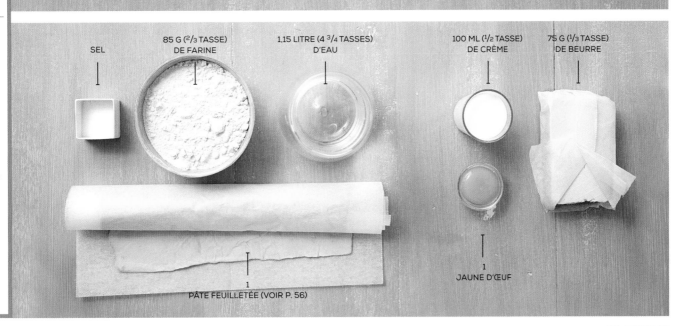

SEL

85 G (²/₃ TASSE)
DE FARINE

1,15 LITRE (4 ³/₄ TASSES)
D'EAU

100 ML (¹/₂ TASSE)
DE CRÈME

75 G (¹/₃ TASSE)
DE BEURRE

1
PÂTE FEUILLETÉE (VOIR P. 56)

1
JAUNE D'ŒUF

1

CUIRE LES SUPRÊMES DE VOLAILLE

10 MINUTES

+ CUISSON 30 MIN

Laver, éplucher et émincer les légumes. Les mettre dans 1 litre (4 tasses) d'eau et porter rapidement à ébullition.

Saler, puis ajouter le bouquet garni et les suprêmes de volaille. Faire pocher à frémissement pendant 30 minutes.

2

LE ROUX BLANC

5 MINUTES

+ CUISSON 10 MIN   + ATTENTE 15 MIN

Faire fondre 35 g (3 c. à soupe) de beurre dans une casserole sur feu doux. Ajouter 35 g (¼ tasse) de farine, mélanger et laisser cuire quelques instants.

Mélanger et poursuivre la cuisson jusqu'à la formation d'une mousse blanchâtre en surface. Retirer du feu et laisser refroidir.

3

LA CUISSON À BLANC DES CHAMPIGNONS

5 MINUTES

+ CUISSON 10 MIN

Dans une petite casserole, porter à ébullition 100 ml (½ tasse) d'eau et le jus du citron avec 20 g (1 ½ c. à soupe) de beurre détaillé en parcelles.

Nettoyer les champignons, les trancher et les jeter dans l'eau. Saler, couvrir et laisser cuire 10 minutes. Réserver sans égoutter.

4

LA CROÛTE

15 MINUTES

+ CUISSON 30 MIN + ATTENTE 30 MIN

PRÉCHAUFFER LE FOUR
À 240 °C (450 °F).

J'AJUSTE CETTE TEMPÉRATURE EN
FONCTION DE MON FOUR : _____

_____

_____

_____

_____

_____

Abaisser la pâte feuilletée en deux disques de 18 cm (7 po) de diamètre, le premier de 1,5 cm (²/₃ po) d'épaisseur et l'autre de 0,5 cm (¹/₄ po) d'épaisseur.

Marquer le disque le plus fin d'un cercle de plus petite taille pour délimiter le bord du vol-au-vent.

Humidifier le disque épais, poser l'autre disque par-dessus et pincer délicatement tout le pourtour du bout des doigts.

Chiqueter le bord de la croûte. Badigeonner de dorure (1 jaune d'œuf mélangé à 50 ml [¹/₄ tasse] d'eau) la surface du vol-au-vent, sans excès.

 **CONSEIL MasterChef**

CHIQUETER CONSISTE À PRESSER LE BORD DE LA PÂTE AVEC LE DOS DE LA LAME D'UN COUTEAU AFIN DE BIEN SCELLER LES DEUX ABAISSES.

Rayer à la fourchette le petit disque du chapeau. Réserver au froid pendant 15 minutes, puis dorer de nouveau la surface.

Enfourner, baisser la température à 180 °C (350 °F) et faire cuire 30 minutes. Ensuite, laisser reposer 15 minutes sur une grille.

5

LA GARNITURE
ET LA SAUCE CRÈME

20 MINUTES

+ CUISSON 20 MIN

Décanter les suprêmes de volaille. Filtrer le bouillon, en mesurer 500 ml (2 tasses) et les réserver. Faire réduire le reste presque à sec.

Mettre de côté la peau des suprêmes et détailler la viande en cubes d'environ 1 cm (1/3 po) de côté. Couper les quenelles de la même façon.

Mélanger les 500 ml (2 tasses) de bouillon réservés avec le roux blanc, sur feu doux, pour réaliser le velouté.

Ajouter les peaux mises de côté, 20 g (1 1/2 c. à soupe) de beurre et un peu d'eau de cuisson des champignons. Laisser mijoter pendant 10 minutes.

Incorporer la crème et faire mijoter 5 minutes, puis filtrer. Ajouter le bouillon de volaille réduit et rectifier l'assaisonnement.

6

LA FINITION

10 MINUTES

Découper le chapeau et évider le centre de la croûte. Mélanger volaille, quenelles et champignons égouttés avec la sauce crème.

Garnir le vol-au-vent de cette préparation, puis replacer le chapeau de pâte feuilletée.

LES ATELIERS DE MasterChef

RATATOUILLE

 + = ★ $

40 min PRÉPARATION	**45 min** CUISSON	**1 h 25** TOUT COMPRIS

NIVEAU ★

BUDGET $

INGRÉDIENTS POUR 8 PERSONNES

COURGETTES ▸ 500 g (4 tasses)

AUBERGINES ▸ 500 g (6 $1/2$ tasses)

OIGNONS ▸ 250 g (1 $1/2$ tasse)

POIVRONS VERTS ▸ 500 g (3 $1/2$ tasses)

TOMATES ▸ 800 g (6 tasses)

AIL ▸ 4 gousses

BOUQUET GARNI ▸ 1

HUILE D'OLIVE ▸ 200 ml ($3/4$ tasse)

SEL

PIMENT DE CAYENNE

● **BOISSON** bandol // cassis

CHANGEMENT D'ASSOCIATIONS

COMME UNE PIPERADE

▸ Ajouter quelques œufs et finir la cuisson ; on obtient une préparation dans l'esprit d'une piperade, à déguster avec du pain grillé.

RATATOUILLE FROIDE

▸ Pour déguster la ratatouille froide, lui ajouter des câpres, des anchois, un trait de vinaigre balsamique et un peu de raisins secs.

GROS LÉGUMES
Choisir de préférence des légumes de taille moyenne plutôt que des gros, plus fibreux et riches en pépins...

QUELLES TOMATES ?
Choisir des tomates à chair ferme, comme la roma ou la torino, pour que la ratatouille ne soit pas trop humide.

MINI MINI !
On peut réaliser la ratatouille avec des mini-légumes, juste coupés en deux pour garder l'effet visuel !

PAS DE BOUQUET GARNI ?
Le remplacer par un peu de thym ou d'herbes de Provence.

POUR L'HIVER
Cette recette se conserve très bien dans des bocaux en verre stérilisés.

AVEC CETTE RECETTE

JE MAÎTRISE MAINTENANT

☐ LA TAILLE DES LÉGUMES
☐ LA CUISSON DES LÉGUMES

JE ME NOTE

...... /20

500 G (6 ½ TASSES)
D'AUBERGINES

800 G (6 TASSES)
DE TOMATES

4
GOUSSES D'AIL

1
BOUQUET GARNI

500 G (3 ½ TASSES)
DE POIVRONS VERTS

250 G (1 ½ TASSE)
D'OIGNONS

500 G (4 TASSES)
DE COURGETTES

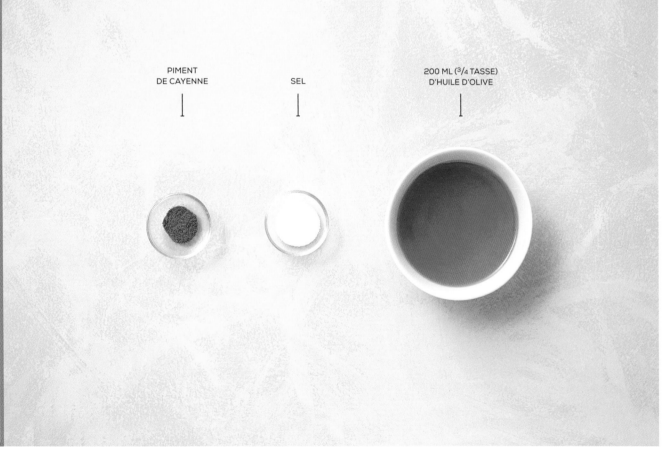

PIMENT
DE CAYENNE

SEL

200 ML (¾ TASSE)
D'HUILE D'OLIVE

1

PRÉPARER LES LÉGUMES

30 MINUTES

Laver les légumes.

Enlever le pédoncule des tomates, les monder et les épépiner.

CONSEIL MasterChef

POUR POUVOIR MONDER DES TOMATES, LES PLONGER 12 SECONDES DANS DE L'EAU BOUILLANTE ET LES TRANSFÉRER AUSSITÔT DANS UN BOL D'EAU GLACÉE. IL SERA ALORS FACILE DE LES PELER SANS LES ABÎMER.

Concasser les tomates en assez gros morceaux.

Passer les poivrons à la flamme pour noircir leur peau, puis les peler.

CONSEIL MasterChef

POUR PELER FACILEMENT UN POIVRON, LE PIQUER SUR UNE FOURCHETTE ET LE PASSER À LA FLAMME JUSQU'À CE QUE LA PEAU SOIT BIEN NOIRE. ELLE S'ENLÈVE ALORS FACILEMENT, ET LE POIVRON PREND UN GOÛT DE FUMÉE TRÈS AGRÉABLE.

Couper les courgettes en deux dans la longueur, les épépiner et les détailler en tranches de 1 cm (1/3 po) d'épaisseur.

CONSEIL MasterChef

PLUS UNE COURGETTE EST GROSSE, PLUS ELLE CONTIENT DE PÉPINS. L'IDÉAL EST DONC DE CHOISIR DES COURGETTES ASSEZ PETITES ET BIEN FERMES.

Enlever le pédoncule des aubergines et les couper en cubes de 1 cm (1/3 po) de côté.

Peler les oignons et les ciseler.

Peler les gousses d'ail, les écraser et les dégermer.

Ficeler le thym et le laurier dans du vert de poireau pour confectionner un beau bouquet garni.

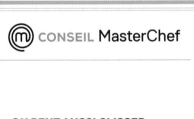

2

CUIRE LA RATATOUILLE

10 MINUTES

+ CUISSON 45 MIN

Faire sauter les poivrons par petites quantités dans un peu d'huile d'olive ; ils doivent être presque cuits.

CUIRE LES LÉGUMES SÉPARÉMENT PERMET D'ADAPTER LE TEMPS DE CUISSON À CHACUN, DE SORTE QU'AUCUN D'EUX NE SOIT TROP OU PAS ASSEZ CUIT.

LES CUIRE PAR PETITES QUANTITÉS À LA FOIS PERMET DE GARDER LE CORPS GRAS BIEN CHAUD.

Faire sauter les aubergines et les courgettes de la même façon que les poivrons.

Faire suer les oignons dans une poêle avec de l'huile d'olive.

ATTENTION À NE PAS TROP COLORER LES OIGNONS, CAR ILS DEVIENNENT AMERS QUAND ILS NOIRCISSENT.

Ceux qui apprécient l'ail hacheront finement les gousses ; les autres les laisseront entières.

Réunir dans la cocotte l'ensemble des légumes sautés, les tomates concassées, les oignons, l'ail et le bouquet garni.

UNE COCOTTE EN FONTE GARDE BIEN LA CHALEUR ET PERMET UNE CUISSON PARFAITEMENT HOMOGÈNE.

Assaisonner et laisser mijoter pendant 15 minutes à feu doux.

Mélanger délicatement les légumes et rectifier l'assaisonnement avant de servir.

BLANQUETTE
DE VEAU

 35 min
PRÉPARATION

+

 1 h 55
CUISSON

=

 2 h 30
TOUT COMPRIS

★
NIVEAU

$$ \text{\textcircled{S}\textcircled{S}}$$
BUDGET

INGRÉDIENTS POUR 8 PERSONNES

ÉPAULE DE VEAU DÉSOSSÉE ▸ 1,2 kg (2 ²/₃ lb)

CAROTTES ▸ 200 g (2 tasses)

CÉLERI-BRANCHE ▸ 50 g (¹/₂ tasse)

POIREAUX ▸ 200 g (2 ¹/₂ tasses)

OIGNONS ▸ 200 g (1 ¹/₄ tasse)

CLOUS DE GIROFLE ▸ 3

AIL ▸ 4 gousses

THYM ▸ 1 brindille

LAURIER ▸ 2 feuilles

GROS SEL

BEURRE ▸ 75 g (¹/₃ tasse)

FARINE ▸ 75 g (¹/₂ tasse)

JAUNES D'ŒUFS ▸ 2

CRÈME FRAÎCHE ▸ 100 g (¹/₃ tasse)

SEL FIN

CITRON ▸ ½

● **BOISSON** pessac-léognan blanc // brouilly ou chinon rouge

ENCORE PLUS DE GOÛT
La garniture traditionnelle de la blanquette à l'ancienne est composée de petits oignons et de champignons.

ATTENTION ! Veiller à ne pas laisser colorer le roux pour garder la sauce bien blanche.

LIQUIDE DE CUISSON ET RIZ Utiliser le reste de liquide de cuisson pour cuire le riz.

PAS D'ÉPAULE DE VEAU ?
Utiliser du tendron ou du collet de veau à la place, en allongeant si nécessaire le temps de cuisson.

CHANGEMENT D'ASSOCIATIONS

NOTE EXOTIQUE
▸ Ajouter du cari dans la sauce pour apporter une touche exotique.

AUTRE VIANDE BLANCHE
▸ Remplacer le veau par de la volaille.

AVEC CETTE RECETTE

JE SAIS MAINTENANT

☐ BLANCHIR UNE VIANDE

☐ POCHER UNE VIANDE AVEC DÉPART À FROID

☐ LIER UNE SAUCE AVEC UN MÉLANGE DE JAUNE D'ŒUF ET DE CRÈME

_____ JE ME NOTE

_____

_____

_____ ····· /20

BOUCHERIE / CRÉMERIE

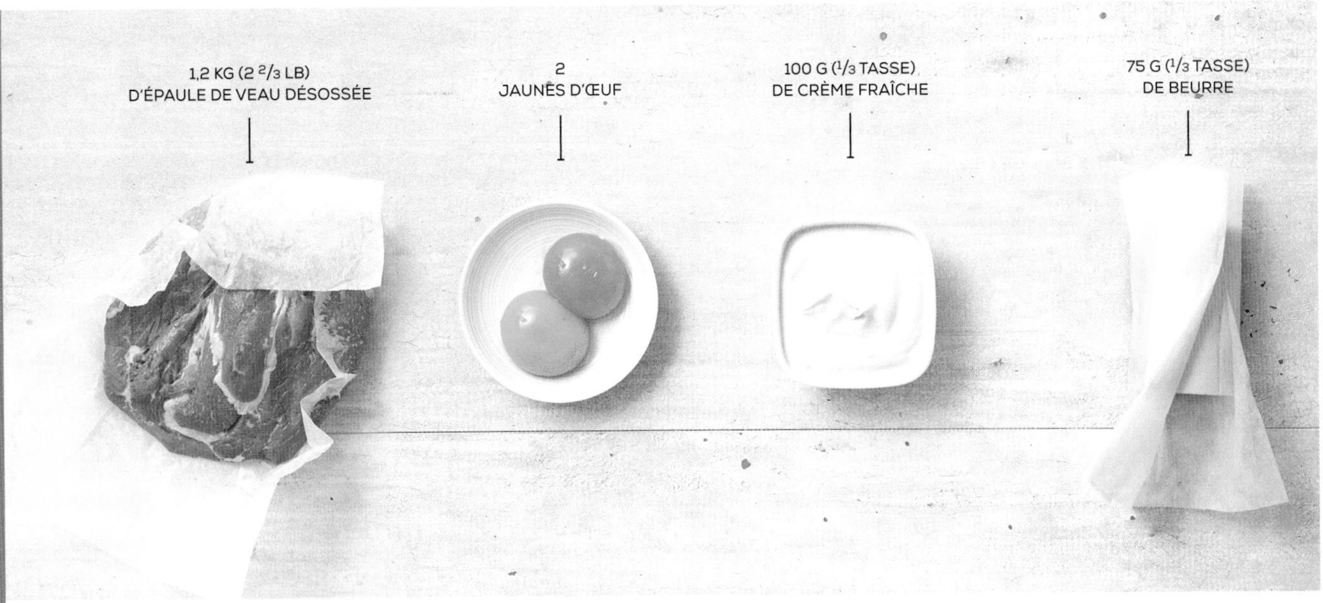

1,2 KG (2 2/3 LB)
D'ÉPAULE DE VEAU DÉSOSSÉE
2
JAUNES D'ŒUF
100 G (1/3 TASSE)
DE CRÈME FRAÎCHE
75 G (1/3 TASSE)
DE BEURRE

FRUITS, LÉGUMES, HERBES

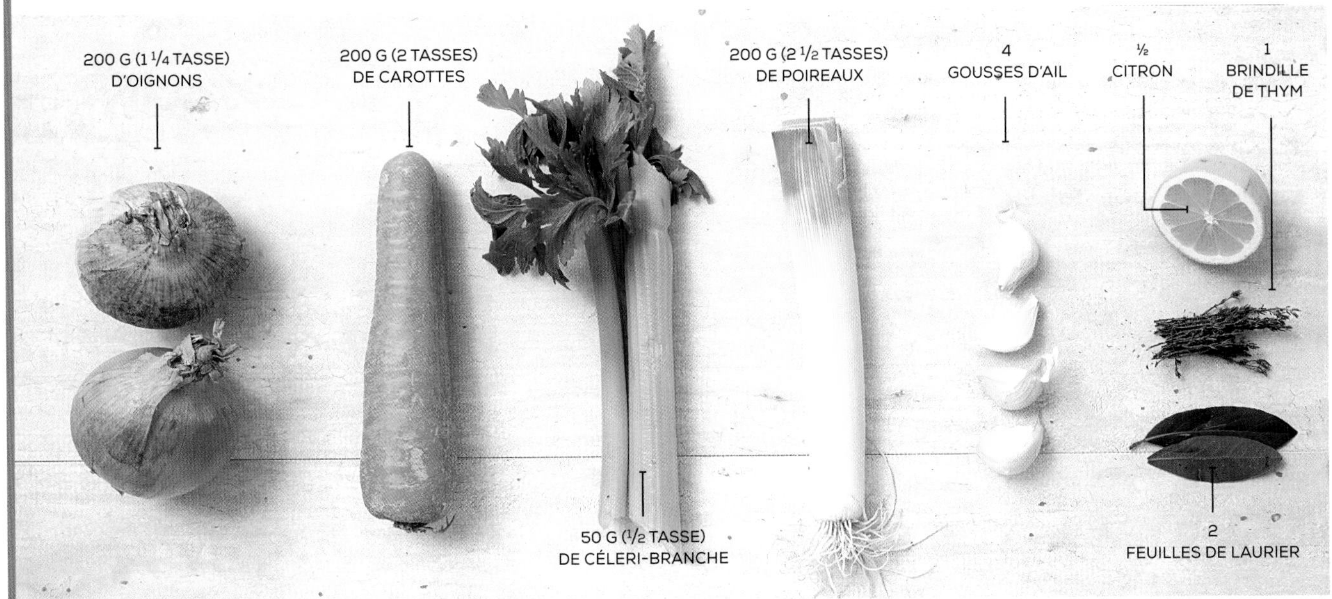

200 G (1 1/4 TASSE)
D'OIGNONS
200 G (2 TASSES)
DE CAROTTES
200 G (2 1/2 TASSES)
DE POIREAUX
4
GOUSSES D'AIL
½
CITRON
1
BRINDILLE
DE THYM
50 G (1/2 TASSE)
DE CÉLERI-BRANCHE
2
FEUILLES DE LAURIER

ÉPICERIE

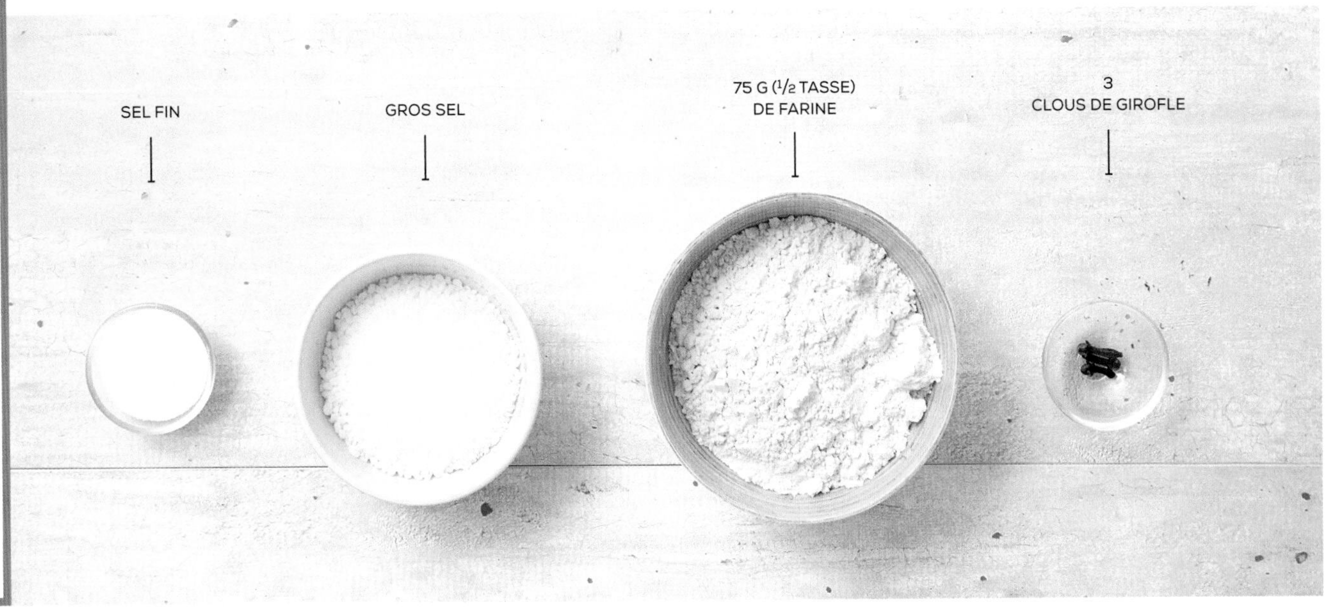

SEL FIN
GROS SEL
75 G (1/2 TASSE)
DE FARINE
3
CLOUS DE GIROFLE

1

BLANCHIR LA VIANDE

5 MINUTES

+ CUISSON **10 MIN**

Détailler la viande en morceaux d'environ 50 g (1 ¾ oz).

Placer les morceaux d'épaule dans un récipient de cuisson et les couvrir d'eau froide.

Porter à ébullition. Maintenir celle-ci 2 minutes et écumer les impuretés.

ⓜ CONSEIL MasterChef

ÉCUMER CONSISTE À ENLEVER LES IMPURETÉS QUI SE FORMENT À LA SURFACE, CONSTITUANT UNE SORTE DE MOUSSE.

2

LA GARNITURE AROMATIQUE

10 MINUTES

Peler les carottes. Effiler le céleri et parer le poireau. Laver les légumes et les couper en gros morceaux.

Peler les oignons et les piquer des clous de girofle, près des racines. Écraser les gousses d'ail.

Confectionner un bouquet garni avec le thym et le laurier dans une feuille de vert de poireau et ficeler le tout.

3

POCHER LA VIANDE

5 MINUTES

+ CUISSON 1 H 30

Ajouter dans la cocotte les légumes, l'ail et le bouquet garni. Saler et, si nécessaire, compléter le mouillement.

Porter à ébullition sur feu vif, puis couvrir, baisser le feu et maintenir à frémissement pendant 1 h 20, en écumant régulièrement.

4

LE ROUX BLANC

5 MINUTES

+ CUISSON 5 MIN

Faire fondre le beurre sur feu doux sans le laisser colorer. Incorporer la farine en remuant constamment avec une spatule.

 CONSEIL MasterChef

NE PAS LAISSER LE ROUX PRENDRE COULEUR
PERMET DE CONFECTIONNER UNE SAUCE BIEN BLANCHE.

Laisser le roux cuire sur feu doux en remuant fréquemment, jusqu'à ce qu'il mousse et blanchisse. Retirer du feu et réserver.

5

DÉCANTER LA VIANDE

5 MINUTES

Transférer les morceaux de viande dans un grand bol peu profond, puis ajouter une petite louche de bouillon. Couvrir et réserver.

Filtrer le bouillon de cuisson à l'aide d'un chinois, sans écraser les légumes pour que le jus reste limpide.

CONSEIL MasterChef

NE PAS ÉCRASER (FOULER) LES LÉGUMES ÉVITE DE METTRE DE LA PULPE DANS LA SAUCE : CELA LA COLORERAIT ET RISQUERAIT DE LA FAIRE FERMENTER.

Conserver au chaud 1 litre (4 tasses) de bouillon. En verser autant dans une casserole et le faire réduire jusqu'à ce qu'il soit sirupeux.

6

LA SAUCE DE LA BLANQUETTE

5 MINUTES

+ CUISSON 10 MIN

Verser le litre (4 tasses) de bouillon chaud sur le roux blanc froid, puis porter à ébullition en mélangeant sans cesse au fouet.

Maintenir à frémissement 10 minutes, en remuant souvent pour que la sauce soit lisse et nappante. Incorporer le bouillon réduit.

Mélanger les jaunes d'œufs et la crème fraîche, puis les incorporer progressivement à la sauce bouillante en fouettant.

Rectifier l'assaisonnement de la sauce et lui ajouter le jus d'un demi-citron pour amener du *punch*.

Verser la sauce veloutée sur les morceaux de viande et faire réchauffer la blanquette, sans la laisser atteindre l'ébullition.

LES ATELIERS DE MasterChef

QUICHE
AUX OIGNONS

55 min	+	1 h 20	+	20 min	=	2 h 35	★	$
PRÉPARATION		CUISSON		ATTENTE		TOUT COMPRIS	NIVEAU	BUDGET

INGRÉDIENTS POUR 8 PERSONNES

BEURRE ▸ 125 g (½ tasse) + 100 g (⅓ tasse) + 15 g (1 c. à soupe) + 20 g (1 ½ c. à soupe)

FARINE ▸ 250 g (2 tasses) + 25 g (⅛ tasse)

EAU ▸ 63 g (¼ tasse)

SEL

OIGNONS ▸ 1 kg (2 lb)

LARDONS FUMÉS ▸ 200 g (½ lb)

HUILE ▸ 20 ml (1 c. à soupe)

LAIT ▸ 150 ml (⅔ tasse)

CRÈME FRAÎCHE ▸ 150 g (½ tasse)

ŒUFS ▸ 2

JAUNE D'ŒUF ▸ 1

PIMENT DE CAYENNE

NOIX DE MUSCADE

● **BOISSON** graves blanc // côtes-de-beaune blanc

CHANGEMENT D'ASSOCIATIONS

PLUS DE SAVEUR
▸ Ajouter des tranches de magret fumé pour encore plus de saveur.

QUICHE AU FROMAGE
▸ Remplacer les oignons par du fromage râpé pour obtenir une quiche au fromage.

JE MAÎTRISE MAINTENANT

☐ LA PÂTE BRISÉE SALÉE
☐ L'APPAREIL À CRÈME PRISE

JE ME NOTE

...... /20

QUICHE AUX LÉGUMES
Si l'on souhaite ajouter des légumes, il faut les faire cuire et les laisser refroidir avant de les mettre dans la quiche.

PAS
DE POITRINE FUMÉE ?
La remplacer par du jambon cru coupé en petits morceaux.

PAS D'ŒUF DANS LA PÂTE
La pâte brisée d'office ne contient pas d'œuf, mais on peut ajouter un jaune d'œuf à la place d'une partie de l'eau.

QUICHE À LA VIANDE
Toujours cuire la viande et la faire refroidir avant de la mettre dans la quiche.

BOUCHERIE / fruits, légumes, herbes

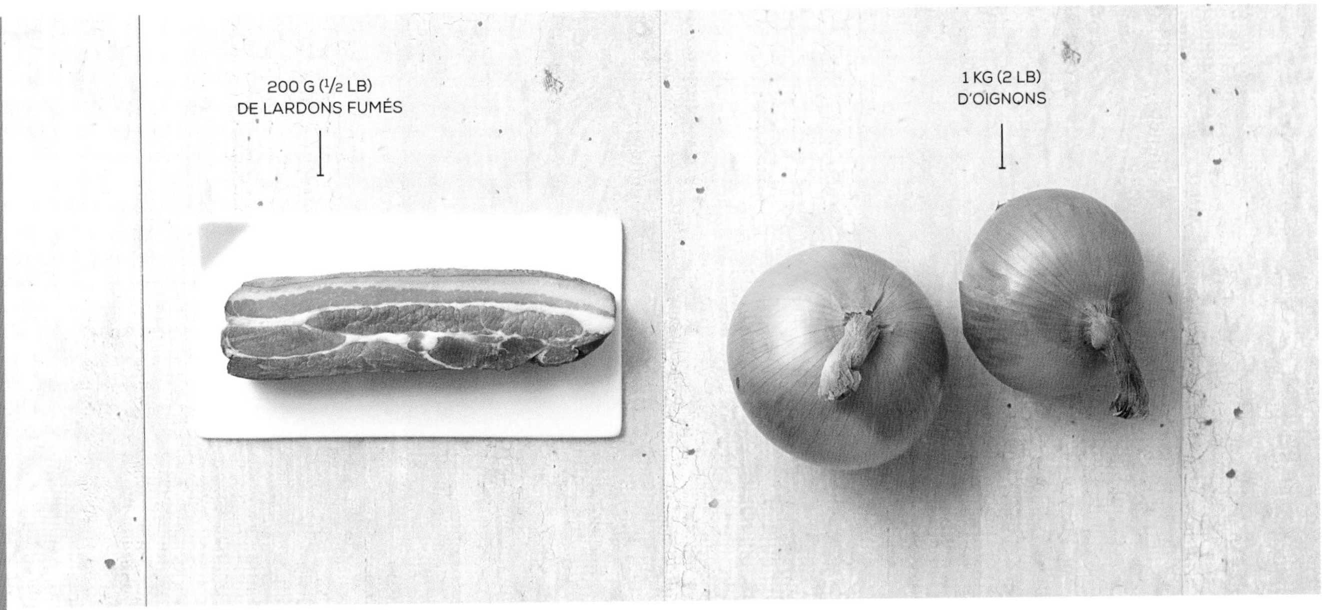

200 G (½ LB)
DE LARDONS FUMÉS

1 KG (2 LB)
D'OIGNONS

CRÉMERIE

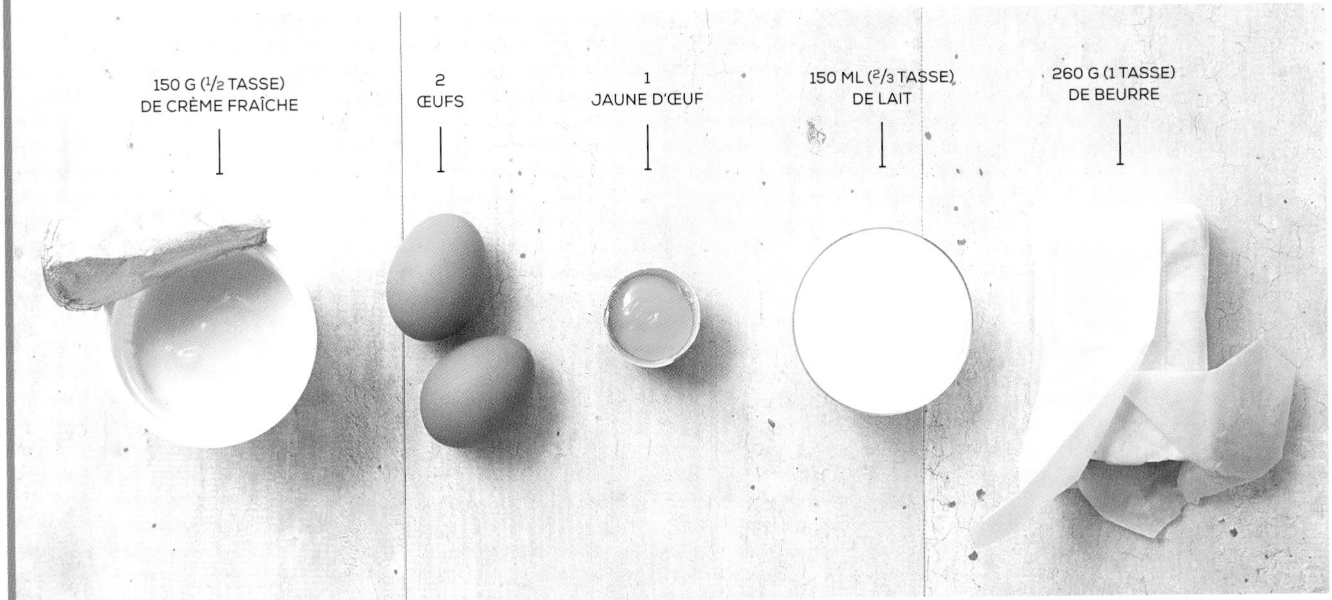

150 G (½ TASSE)
DE CRÈME FRAÎCHE

2
ŒUFS

1
JAUNE D'ŒUF

150 ML (⅔ TASSE)
DE LAIT

260 G (1 TASSE)
DE BEURRE

ÉPICERIE

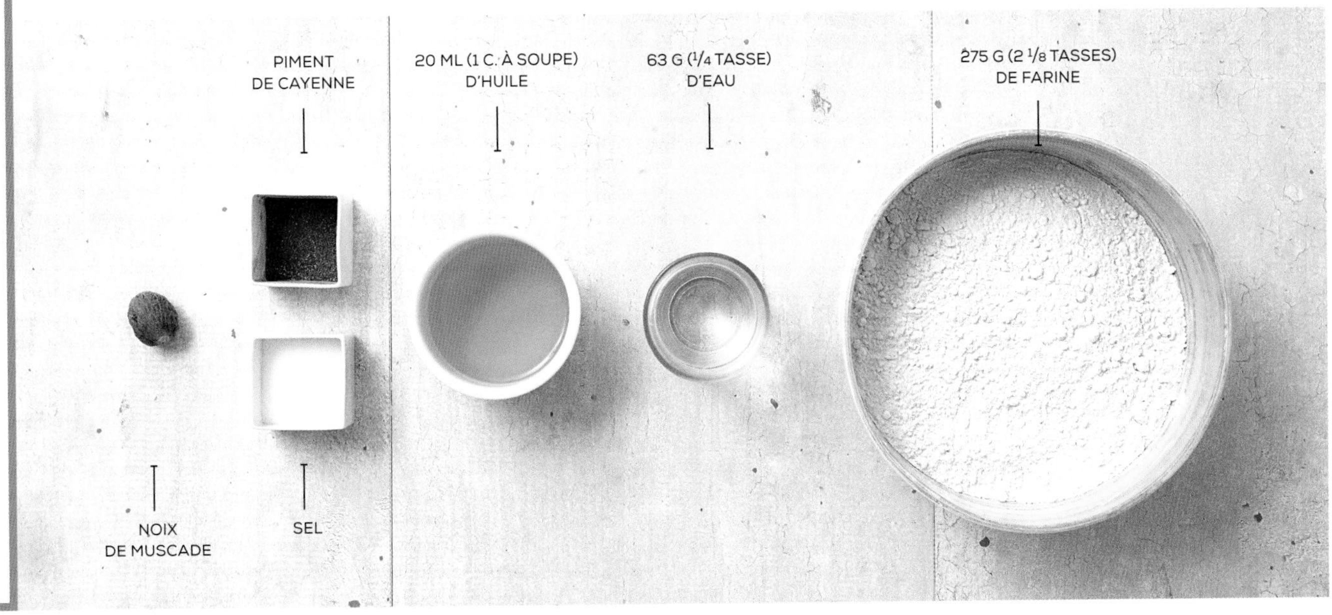

PIMENT
DE CAYENNE

20 ML (1 C. À SOUPE)
D'HUILE

63 G (¼ TASSE)
D'EAU

275 G (2 ⅛ TASSES)
DE FARINE

NOIX
DE MUSCADE

SEL

1

LA PÂTE BRISÉE

10 MINUTES

+ ATTENTE 10 MIN

Couper 125 g (½ tasse) de beurre bien froid en cubes d'environ 1 cm (⅓ po) de côté.

Mélanger 250 g (2 tasses) de farine et les cubes de beurre du bout des doigts jusqu'à obtenir une sorte de sable grossier.

Dissoudre 5 g (¾ c. à café) de sel dans l'eau froide. Pétrir le mélange sableux avec l'eau salée jusqu'à l'obtention d'une pâte souple.

Si nécessaire, fraiser la pâte sur le plan de travail pour la rendre homogène. La rouler en boule, la couvrir de pellicule plastique et la laisser reposer au frais.

 CONSEIL MasterChef

FRAISER CONSISTE À ÉCRASER LA PÂTE, FRACTIONNÉE EN PETITES PARTIES, AVEC LA PAUME DE LA MAIN POUR HOMOGÉNÉISER SA TEXTURE.

2

PRÉPARER LES OIGNONS

10 MINUTES

+ CUISSON 30 MIN

Éplucher les oignons, les émincer finement et les détailler en anneaux. En mettre quelques-uns de côté.

Faire compoter les oignons 30 minutes dans 100 g (⅓ tasse) de beurre sur feu doux. Remuer souvent pour qu'ils blondissent uniformément.

3

FAIRE SAUTER LES LARDONS

5 MINUTES

+ CUISSON 10 MIN

Mettre les lardons dans une casserole d'eau froide, porter à ébullition et les laisser bouillir 2 minutes, puis les égoutter.

Faire sauter les lardons à feu vif dans un mélange bien chaud d'huile (20 ml [1 c. à soupe]) et de beurre (15 g [1 c. à soupe]).

4

FONCER ET CUIRE LA PÂTE

15 MINUTES

+ CUISSON 15 MIN   + ATTENTE 10 MIN

PRÉCHAUFFER LE FOUR À 180 °C (350 °F).

J'AJUSTE CETTE TEMPÉRATURE EN FONCTION DE MON FOUR : _____

_____

_____

_____

_____

_____

Fariner le plan de travail et beurrer un cercle à pâtisserie. Abaisser la pâte à 3 mm (¹⁄₈ po) d'épaisseur, puis y découper un grand disque.

Poser le cercle sur une plaque. Le garnir du disque de pâte, façonner un bourrelet sur le bord et le pincer entre les doigts.

Piquer le fond de pâte à l'aide d'une fourchette et le réserver au frais pendant quelques minutes.

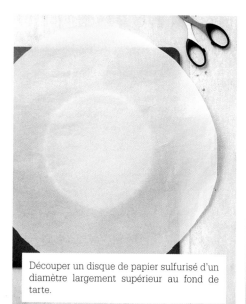

Découper un disque de papier sulfurisé d'un diamètre largement supérieur au fond de tarte.

Tailler de larges franges dans la bordure du disque de papier, puis le poser sur le fond de tarte, franges contre le bord.

Remplir le fond de tarte de poids de cuisson (billes de céramique, légumes secs...).

Enfourner pour 15 minutes, jusqu'à ce que la pâte soit cuite mais encore blanche. Retirer les poids et le papier.

5

LA QUICHE AUX OIGNONS

15 MINUTES

+ CUISSON 25 MIN

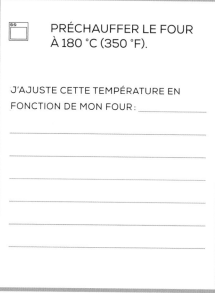

PRÉCHAUFFER LE FOUR À 180 °C (350 °F).

J'AJUSTE CETTE TEMPÉRATURE EN FONCTION DE MON FOUR : _____

_____

_____

_____

_____

_____

_____

Mélanger au fouet le lait, la crème, les œufs et le jaune. Assaisonner de sel, de piment de Cayenne et de noix de muscade.

Ajouter les oignons et les lardons, puis verser l'appareil dans le fond de tarte et décorer la surface de rouelles d'oignon.

Enfourner et laisser cuire 25 minutes, jusqu'à ce que l'appareil soit ferme et bien coloré.

 **LES ATELIERS DE MasterChef**

LÉGUMES
FARCIS

 35 min
PRÉPARATION

+

 30 min
CUISSON

=

 1 h 5
TOUT COMPRIS

★
NIVEAU

 $
BUDGET

INGRÉDIENTS POUR 8 PERSONNES

TOMATES ▸ 8

COURGETTES RONDES ▸ 8

GROS OIGNONS ▸ 8

SEL

TRANCHES DE PAIN DE MIE ▸ 8

LAIT ▸ 150 ml (2/3 tasse)

PERSIL ▸ ½ botte

BASILIC ▸ ½ botte

AIL ▸ 4 gousses

HUILE D'OLIVE ▸ 50 ml (¼ tasse) + 30 ml (2 c. à soupe)

CHAIR À SAUCISSE ▸ 800 g (1 ¾ lb)

ŒUFS ▸ 6

QUATRE-ÉPICES

POIVRE

COGNAC ▸ 20 ml (1 c. à soupe)

PARMESAN RÂPÉ ▸ 200 g (1 ¾ tasse)

● **BOISSON** saint-bris // reuilly

CHANGEMENT D'ASSOCIATIONS

NOTE MÉDITERRANÉENNE
▶ Ajouter des dés de jambon cru à la farce et quelques olives pour un côté « soleil ».

PAS DE COURGETTES RONDES ?
▶ Utiliser des courgettes coupées en tronçons à la place des petites courgettes boules.

AVEC CETTE RECETTE

JE MAÎTRISE MAINTENANT

☐ LA FARCE DES LÉGUMES
☐ LA CUISSON AU FOUR DES LÉGUMES FARCIS

JE ME NOTE

 ...... /20

HERBES FRAÎCHES
Éviter d'utiliser des herbes de Provence sèches: elles sont pauvres en goût et leur texture est désagréable.

AUTRES HERBES
Persil et basilic sont les herbes les plus couramment employées, mais d'autres herbes fraîches conviennent également: cerfeuil, ciboulette...

PAS
DE CHAIR À SAUCISSES ?
Utiliser un mélange haché de veau et de poulet.

SANS ALCOOL
Le cognac apporte de la saveur, mais n'est pas indispensable à la recette.

CRÉMERIE / BOUCHERIE

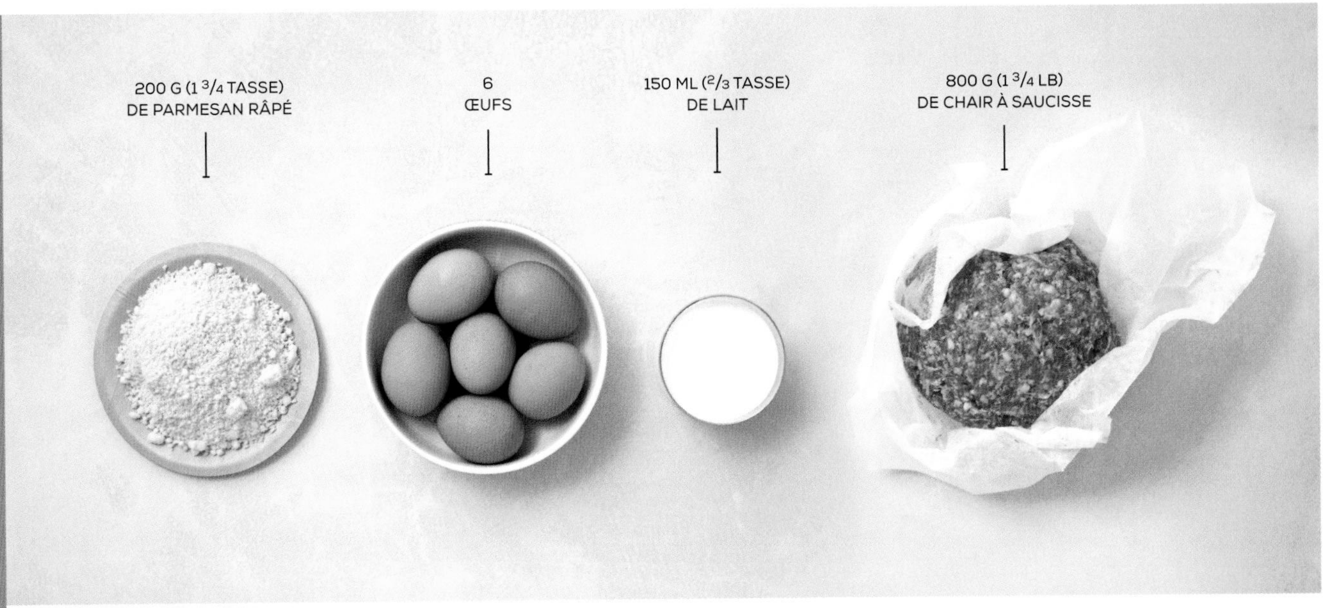
200 G (1 3/4 TASSE)
DE PARMESAN RÂPÉ
6
ŒUFS
150 ML (2/3 TASSE)
DE LAIT
800 G (1 3/4 LB)
DE CHAIR À SAUCISSE

FRUITS, LÉGUMES, HERBES

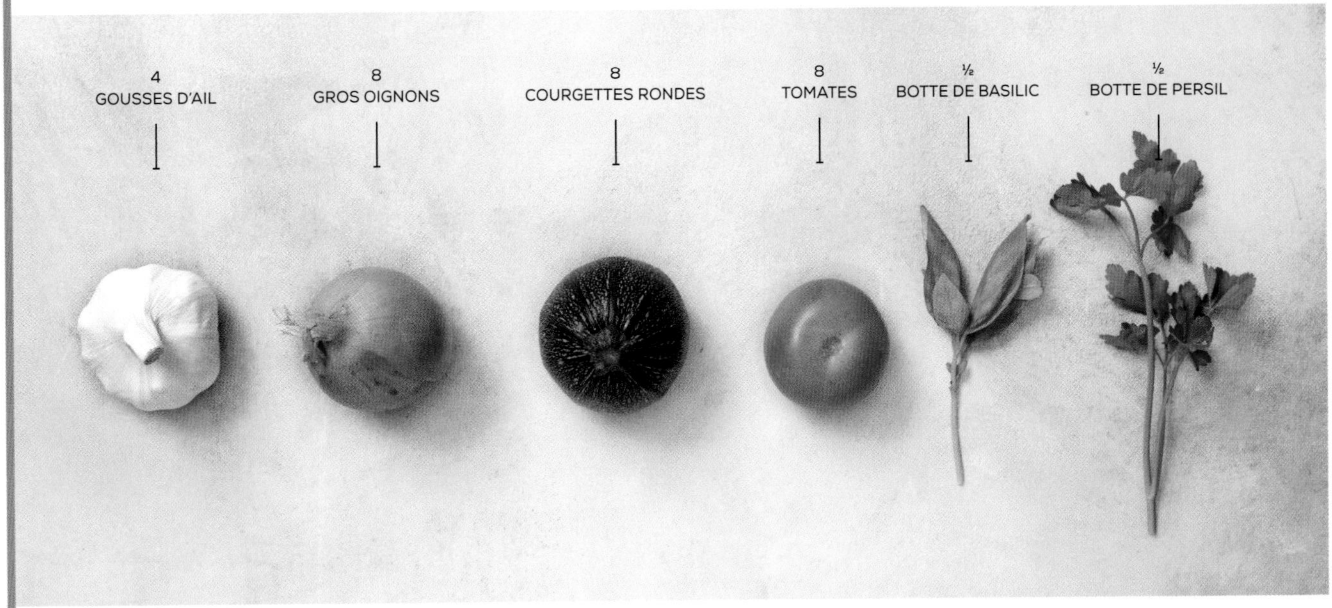
4
GOUSSES D'AIL
8
GROS OIGNONS
8
COURGETTES RONDES
8
TOMATES
½
BOTTE DE BASILIC
½
BOTTE DE PERSIL

ÉPICERIE

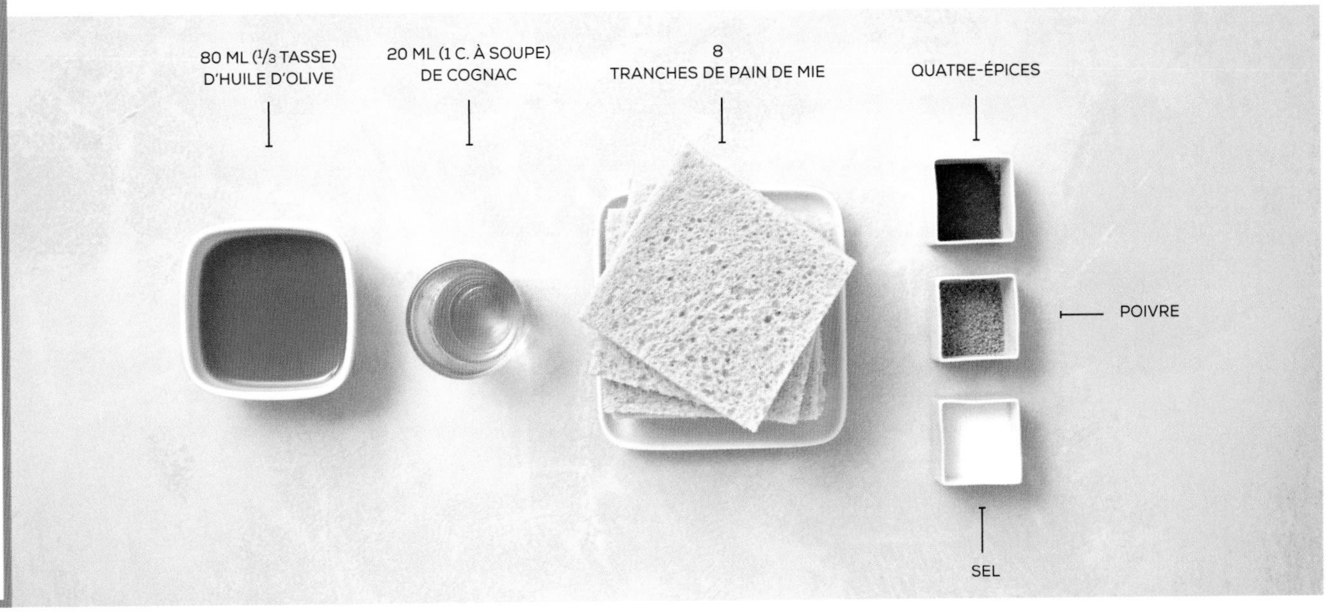
80 ML (1/3 TASSE)
D'HUILE D'OLIVE
20 ML (1 C. À SOUPE)
DE COGNAC
8
TRANCHES DE PAIN DE MIE
QUATRE-ÉPICES
POIVRE
SEL

1

PRÉPARATION DES LÉGUMES

20 MINUTES

Laver les légumes, puis découper un chapeau dans chacun d'eux.

Évider l'intérieur des légumes à l'aide d'une cuillère ; réserver la pulpe des courgettes et des oignons.

CONSEIL MasterChef

PRENDRE SOIN DE NE PAS PERCER LE FOND OU LA PAROI, POUR ÉVITER QUE LA FARCE NE SORTE PENDANT LA CUISSON.

Saler légèrement l'intérieur des tomates.

Les retourner sur une grille et les laisser égoutter quelques minutes.

CONSEIL MasterChef

LE SEL « ASPIRE » L'EAU DES TOMATES : CELA PERMET D'ASSÉCHER UN PEU LA PULPE, ET DONC D'ÉVITER UN TROP RAPIDE AFFAISSEMENT DES TOMATES LORS DE LA CUISSON.

2

LA FARCE

10 MINUTES

+ CUISSON 5 MIN

Enlever la croûte des tranches de pain de mie, puis les mettre à tremper dans le lait.

CONSEIL MasterChef

LES CROÛTES SONT TROP DURES POUR BIEN ABSORBER LE LAIT. ELLES DOIVENT ÊTRE RETIRÉES, SINON LA FARCE NE SERA PAS AUSSI FINE.

Rincer et éponger les herbes. Peler les gousses d'ail.

Hacher séparément les herbes et l'ail : réduire l'ail en purée ; hacher le basilic grossièrement, et le persil finement.

Hacher grossièrement la pulpe réservée des oignons et des courgettes.

CONSEIL MasterChef

HACHER RÉGULIÈREMENT, MAIS PAS TROP FINEMENT : IL FAUT RETROUVER DE LA MÂCHE DANS LA FARCE À LA FIN DE LA CUISSON.

Faire sauter rapidement la pulpe de légumes à la poêle dans un filet d'huile d'olive, puis laisser refroidir.

CONSEIL MasterChef

LES LÉGUMES DOIVENT ÊTRE BIEN FROIDS AVANT D'ÊTRE AJOUTÉS À LA FARCE, FAUTE DE QUOI ILS VONT CUIRE LES PARTIES QUI SERONT EN CONTACT AVEC EUX.

Malaxer la chair à saucisse avec les œufs battus, le quatre-épices, du sel, du poivre, le pain imbibé de lait et le cognac.

CONSEIL MasterChef

À CE STADE, LA FARCE EST QUELQUE PEU LIQUIDE, MAIS ELLE VA SE SOLIDIFIER LORS DE LA CUISSON.

Ajouter la pulpe de légumes et le parmesan, puis mélanger à nouveau.

3
CUISSON DES LÉGUMES

5 MINUTES

+ CUISSON 25 MIN

PRÉCHAUFFER LE FOUR À 200 °C (400 °F).

J'AJUSTE CETTE TEMPÉRATURE EN FONCTION DE MON FOUR : _____

_____

_____

_____

_____

_____

Badigeonner d'huile d'olive le fond et le bord d'un grand plat à rôtir, puis assaisonner.

Remplir les légumes de farce et les ranger au fur et à mesure dans le plat.

Enfourner, baisser la température à 180 °C (350 °F) et laisser cuire pendant 15 minutes.

Couvrir chaque légume de son chapeau et prolonger la cuisson de 10 minutes.

LES ATELIERS DE  MasterChef

POTÉE

 30 min PRÉPARATION + **4 h 25** CUISSON = **4 h 55** TOUT COMPRIS ★ NIVEAU $ $ BUDGET

INGRÉDIENTS POUR 8 PERSONNES

JARRETS DE PORC SALÉS ▸ 3

PETIT SALÉ ▸ 500 g (1 lb)

QUEUE DE COCHON ▸ 1

CHOU ▸ 1

CAROTTES ▸ 8

NAVETS ▸ 4

POMMES DE TERRE ▸ 1 kg (2 lb)

OIGNONS ▸ 2

CLOUS DE GIROFLE ▸ 4

AIL ▸ 8 gousses

BOUQUET GARNI ▸ 1

BAIES DE GENIÈVRE

POIVRE EN GRAINS

SAUCISSES À CUIRE ▸ 4

SEL

● **BOISSON** anjou village // beaujolais village

CHANGEMENT D'ASSOCIATIONS

SANS JARRET

▸ Remplacer les jarrets par de la poitrine fumée.

SANS QUEUE

▸ Remplacer la queue par un pied apporte autant de gélatineux à la cuisson.

AVEC CETTE RECETTE

JE MAÎTRISE MAINTENANT

☐ LA CUISSON D'UNE VIANDE FUMÉE
☐ LA CUISSON DU CHOU FRAIS

_____

_____

_____ JE ME NOTE

_____

_____

_____ ····· /20

ENLEVER FACILEMENT LES AROMATES

Glisser les aromates dans un filtre à café, ficeler l'extrémité et plonger le filtre dans le bouillon de cuisson. Il suffira de le ressortir en fin de cuisson pour enlever tous les aromates d'un coup.

BON BOUILLON La potée est nourrissante, et le bouillon mérite d'être dégusté dans une tasse ou un bol au début du repas.

ET S'IL EN RESTE? Les restes de potée permettent de faire d'excellentes lasagnes (voir p. 221) ; il suffit d'ajouter un peu de sauce tomate.

PAS DE SAUCISSES À CUIRE?

Utiliser des petites saucisses fumées (une par personne) ou une grosse (saucisse de Morteau), qui sera partagée entre les convives.

BOUCHERIE

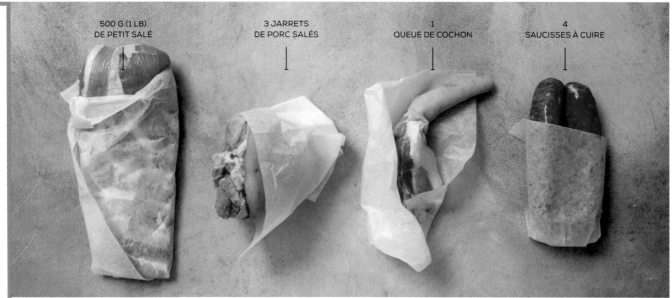

500 G (1 LB)
DE PETIT SALÉ

3 JARRETS
DE PORC SALÉS

1
QUEUE DE COCHON

4
SAUCISSES À CUIRE

FRUITS, LÉGUMES, HERBES

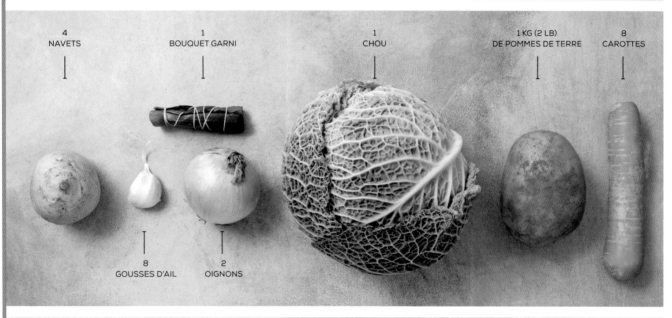

4
NAVETS

1
BOUQUET GARNI

1
CHOU

1 KG (2 LB)
DE POMMES DE TERRE

8
CAROTTES

8
GOUSSES D'AIL

2
OIGNONS

ÉPICERIE

SEL

POIVRE MOULU

4
CLOUS DE GIROFLE

BAIES
DE GENIÈVRE

1

BLANCHIR ET DESSALER LA VIANDE

10 MINUTES

+ CUISSON 20 MIN

Placer les jarrets, le petit salé et la queue de cochon dans une marmite, puis les recouvrir largement d'eau froide.

 CONSEIL MasterChef

IL FAUT AU MOINS 5 CM (2 PO) D'EAU AU-DESSUS DES VIANDES POUR QUE LE SEL PUISSE MIGRER CONVENABLEMENT.

 CONSEIL MasterChef

DÉMARRER LA CUISSON À L'EAU FROIDE FAVORISE LA MIGRATION DU SEL ET DES IMPURETÉS VERS LE LIQUIDE, ET LE PRINCIPE D'OSMOSE ASSURE LA PERTE EN SEL DE LA VIANDE JUSQU'À CE QUE LES CONCENTRATIONS EN SEL DE LA PARTIE LIQUIDE ET DE LA PARTIE SOLIDE SOIENT ÉQUILIBRÉES.

Porter à ébullition, pour dessaler notamment, et laisser cuire une quinzaine de minutes.

Écumer régulièrement, à l'aide d'une écumoire ou d'une petite louche.

 CONSEIL MasterChef

L'ÉCUME EST RICHE EN IMPURETÉS, IL EST IMPORTANT DE LA RETIRER.

2

PRÉPARER LES LÉGUMES

15 MINUTES

+ CUISSON 5 MIN

Laver et éplucher les légumes.

Détailler les plus gros en quartiers ou en tronçons.

LA TAILLE DES LÉGUMES DOIT ÊTRE ÉQUILIBRÉE, POUR FAVORISER UNE CUISSON RÉGULIÈRE ET CONSTANTE.

Peler les oignons et y piquer les clous de girofle.

IL FAUT CLOUTER LES OIGNONS PRÈS DES RACINES, CAR C'EST LA PARTIE DES BULBES QUI SE DÉFAIT LE MOINS : AINSI, LES CLOUS DE GIROFLE NE TOMBERONT PAS LORS DE LA CUISSON.

Blanchir le chou à l'eau bouillante pendant 5 minutes, puis le rafraîchir et l'égoutter.

CETTE PRÉCUISSON DU CHOU PERMET DE LE RAMOLLIR ET D'ÉLIMINER LES COMPOSÉS SOUFRÉS RESPONSABLES DE SON ODEUR PERSISTANTE. IL FAUT TOUJOURS JETER L'EAU DE PRÉCUISSON.

3
POCHER LA POTÉE

5 MINUTES

+ CUISSON 4 H

Placer l'ensemble des éléments, à l'exception des pommes de terre et des saucisses, dans la marmite.

PRIVILÉGIER UN RÉCIPIENT ASSEZ LARGE POUR QUE, LORS DE LA CUISSON, CERTAINS INGRÉDIENTS NE SE RETROUVENT PAS ÉCRASÉS PAR LES AUTRES.

Couvrir d'eau et porter à ébullition sur feu vif.

Écumer régulièrement, à l'aide d'une écumoire ou d'une petite louche.

Dès que l'eau bout, baisser le feu et laisser mijoter à frémissement pendant 3 heures.

Tester la cuisson en piquant la viande à cœur avec la pointe d'un couteau fin : elle doit s'enfoncer sans peine.

Goûter et, si nécessaire, rectifier l'assaisonnement.

Ajouter les saucisses et les pommes de terre dans la marmite.

Faire pocher l'ensemble pendant 45 minutes avant de servir, directement dans la marmite ou sur un plat de service.

LES ATELIERS DE Ⓜ MasterChef

POTÉE

POT-AU-FEU
QUI DEVIENT HACHIS PARMENTIER

1 h 10 + 6 h 15 = 7 h 25 ★ Ⓢ

PRÉPARATION CUISSON TOUT COMPRIS NIVEAU BUDGET

INGRÉDIENTS POUR 8 PERSONNES

POIREAUX ▸ 800 g (9 ½ tasses)

NAVETS ▸ 800 g (6 ½ tasses)

CÉLERI ▸ 2 branches

CAROTTES ▸ 400 g (4 tasses) + 100 g (1 tasse)

OIGNONS ▸ 200 g (1 ¼ tasse) + 100 g (½ tasse)

AIL ▸ 4 gousses + 3 gousses

CLOUS DE GIROFLE ▸ 3

OS À MOELLE ▸ 4

PLAT DE CÔTES ▸ 800 g (1 ¾ lb)

GÎTE ▸ 800 g (1 ¾ lb)

MACREUSE ▸ 800 g (1 ¾ lb)

GROS SEL ▸ 1 c. à soupe

BOUQUET GARNI ▸ 1 + 1

POIVRE EN GRAINS ▸ 8

HUILE D'OLIVE ▸ 30 ml (2 c. à soupe)

LARDONS SALÉS ▸ 200 g (½ lb)

CONCENTRÉ DE TOMATES ▸ 50 g (¼ tasse)

FARINE ▸ 50 g (⅓ tasse)

BOUILLON DE VIANDE ▸ 1 litre (4 tasses)

TOMATES ▸ 1 kg (2 lb)

SEL, POIVRE BLANC, SUCRE GRANULÉ

POMMES DE TERRE BINTJE ▸ 2 kg (4 lb)

LAIT ▸ 500 ml (2 tasses)

NOIX DE MUSCADE

BEURRE ▸ 200 g (1 tasse) + 25 g (2 c. à soupe) + 25 g (2 c. à soupe)

CHAPELURE BLONDE ▸ 100 g (1 tasse)

● **BOISSON** coteaux-du-lyonnais // côtes-de-provence

PAS DE GÎTE ? Le remplacer par du jumeau ou de la joue de bœuf.

CHANGEMENT D'ASSOCIATIONS

LÉGUMES OUBLIÉS
▸ Remplacer les légumes proposés ici par des panais, des topinambours, des crosnes…

POT-AU-FEU DE VOLAILLE AU FOIE GRAS
▸ Remplacer la viande de bœuf par une poule, une crosse de jambon et un foie gras cru, en veillant à adapter le temps de cuisson.

AVEC CETTE RECETTE

JE SAIS MAINTENANT

☐ POCHER DES VIANDES

☐ RÉALISER UNE PURÉE POUR UN GRATIN

☐ MONTER ET GRATINER UN HACHIS PARMENTIER

JE ME NOTE

 /20

BOUCHERIE

800 G (1 3/4 LB)
DE MACREUSE

4
OS À MOELLE

200 G (1/2 LB)
DE LARDONS SALÉS

800 G (1 3/4 LB)
DE PLAT DE CÔTES

800 G (1 3/4 LB)
DE GÎTE

FRUITS, LÉGUMES, HERBES

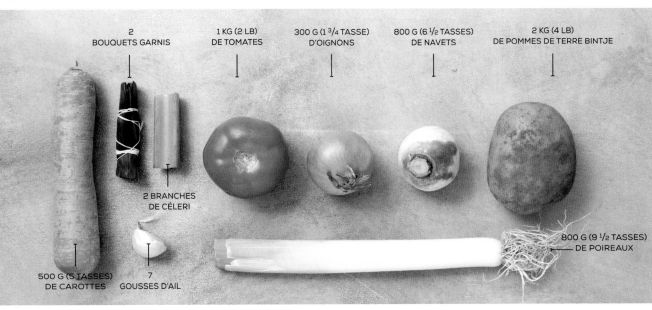

2
BOUQUETS GARNIS

1 KG (2 LB)
DE TOMATES

300 G (1 3/4 TASSE)
D'OIGNONS

800 G (6 1/2 TASSES)
DE NAVETS

2 KG (4 LB)
DE POMMES DE TERRE BINTJE

2 BRANCHES
DE CÉLERI

800 G (9 1/2 TASSES)
DE POIREAUX

500 G (5 TASSES)
DE CAROTTES

7
GOUSSES D'AIL

ÉPICERIE / CRÉMERIE

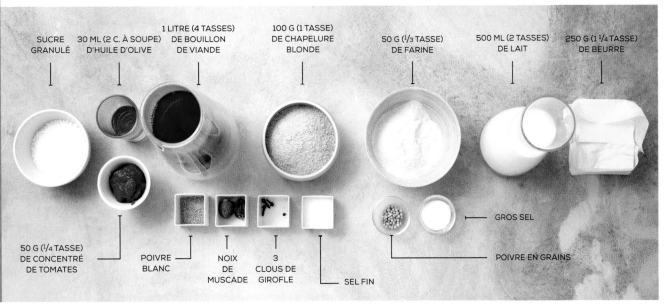

SUCRE
GRANULÉ

30 ML (2 C. À SOUPE)
D'HUILE D'OLIVE

1 LITRE (4 TASSES)
DE BOUILLON
DE VIANDE

100 G (1 TASSE)
DE CHAPELURE
BLONDE

50 G (1/3 TASSE)
DE FARINE

500 ML (2 TASSES)
DE LAIT

250 G (1 1/4 TASSE)
DE BEURRE

50 G (1/4 TASSE)
DE CONCENTRÉ
DE TOMATES

POIVRE
BLANC

NOIX
DE
MUSCADE

3
CLOUS DE
GIROFLE

SEL FIN

GROS SEL

POIVRE EN GRAINS

1

LE POT-AU-FEU

20 MINUTES

+ CUISSON **4 H**

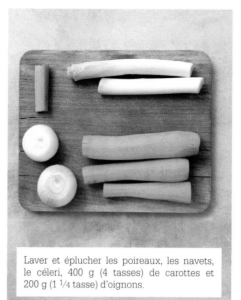

Laver et éplucher les poireaux, les navets, le céleri, 400 g (4 tasses) de carottes et 200 g (1 ¼ tasse) d'oignons.

Couper en tronçons les poireaux et les branches de céleri. Écraser 4 gousses d'ail. Piquer les oignons des clous de girofle.

Blanchir les os à moelle durant 2 minutes avec un départ à l'eau froide, puis les égoutter et jeter l'eau ; réserver les os.

Placer les viandes dans une marmite, les couvrir d'eau, saler et porter à ébullition.

Maintenir l'ébullition pendant 10 minutes et écumer les impuretés à l'aide d'une spatule.

Ajouter un bouquet garni, le gros sel et les grains de poivre, les oignons piqués et l'ail écrasé. Laisser mijoter doucement 1 h 30.

Ajouter les tronçons de poireau et de céleri, et faire pocher le tout pendant 1 heure à feu doux.

Couper les carottes et les navets en gros morceaux, les jeter dans la marmite et poursuivre la cuisson durant 40 minutes.

Ajouter alors les os à moelle et prolonger la cuisson de 20 minutes.

2

LA SAUCE TOMATE

20 MINUTES

+ CUISSON 1 H 30

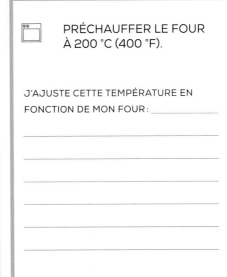

PRÉCHAUFFER LE FOUR À 200 °C (400 °F).

J'AJUSTE CETTE TEMPÉRATURE EN FONCTION DE MON FOUR : _____

_____

_____

_____

_____

_____

Tailler 100 g (1 tasse) de carottes et 100 g (1/2 tasse) d'oignons en dés de 1 cm (1/3 po) de côté. Les faire suer à l'huile d'olive dans une petite cocotte.

Blanchir les lardons, puis les jeter dans la cocotte et ajouter le concentré de tomates.

Singer avec la farine, bien mélanger et enfourner pour 5 minutes afin de colorer légèrement la farine.

BAISSER LA TEMPÉRATURE DU FOUR À 160 °C (300 °F).

J'AJUSTE CETTE TEMPÉRATURE EN FONCTION DE MON FOUR : _____

_____

_____

_____

_____

_____

Remettre sur le feu et ajouter le bouillon, les tomates coupées en quatre, un bouquet garni et 3 pincées de sucre. Saler et poivrer.

Porter à ébullition en remuant, puis couvrir, enfourner et cuire 1 h 30. En fin de cuisson, passer au chinois sans fouler.

3

LE HACHIS PARMENTIER

30 MINUTES

+ CUISSON 45 MIN

Peler, tailler en gros morceaux et cuire à l'anglaise les bintjes. Les égoutter et, si elles sont trop humides, les sécher au four.

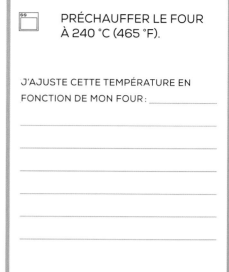

PRÉCHAUFFER LE FOUR
À 240 °C (465 °F).

J'AJUSTE CETTE TEMPÉRATURE EN
FONCTION DE MON FOUR : _____

_____

_____

_____

_____

_____

Faire chauffer le lait assaisonné de sel, de poivre et de noix de muscade. Écraser la pulpe de pommes encore chaude.

Travailler la purée sur feu doux en incorporant peu à peu 200 g (1 tasse) de beurre, puis le lait bouillant. Rectifier l'assaisonnement.

Émietter ou hacher grossièrement les différents morceaux de viande, puis lier le tout avec de la sauce tomate.

Beurrer un grand plat à gratin et déposer dans le fond une première couche de purée de pommes de terre.

Étaler par-dessus le bœuf à la sauce tomate et recouvrir l'ensemble du reste de purée.

Parsemer de chapelure la surface du hachis et l'arroser de 25 g (2 c. à soupe) de beurre fondu. Enfourner et faire gratiner 15 à 20 minutes

LES ATELIERS DE  MasterChef

CHOUCROUTE
AU RIESLING

| 40 min PRÉPARATION | + | 2 h 20 CUISSON | = | 3 h TOUT COMPRIS | ★ NIVEAU | $$ BUDGET |

INGRÉDIENTS POUR 8 PERSONNES

OIGNONS ▸ 400 g (2 ½ tasses)

CLOUS DE GIROFLE ▸ 2

CAROTTES ▸ 300 g (3 tasses)

COUENNE DE LARD FUMÉ ▸ 250 g (½ lb)

CHOUCROUTE CRUE ▸ 2 kg (4 lb)

BAIES DE GENIÈVRE ▸ 16

BOUQUET GARNI ▸ 1

SEL

ÉCHINE DE PORC ▸ 800 g (1 ¾ lb)

POITRINE DE PORC FRAÎCHE ▸ 400 g (1 lb)

RIESLING ▸ 750 ml (3 tasses)

POMMES DE TERRE ▸ 1,5 kg (3 lb)

SAUCISSES FUMÉES ▸ 800 g (1 ¾ lb)

POIVRE

● **BOISSON** riesling // bière

AU POISSON
Utiliser des poissons de rivière à la place de la viande pour réaliser une choucroute sans viande, en adaptant le temps de cuisson.

PAS DE COUENNE?
Foncer le fond du récipient d'un peu de saindoux ou de graisse d'oie.

INDISPENSABLE GENIÈVRE
Les baies de genièvre apportent une saveur boisée inimitable à la choucroute; c'est l'aromate obligatoire!

PLUS RAPIDE
Il est possible d'acheter de la choucroute cuite; dans ce cas, cuire la viande à part.

CHANGEMENT D'ASSOCIATIONS

AUTRES VIANDES
▸ Utiliser de la palette de porc fumée et des saucisses de Strasbourg.

À LA BIÈRE
▸ Cuire la choucroute à la bière plutôt qu'au vin blanc.

AVEC CETTE RECETTE

JE MAÎTRISE MAINTENANT

☐ LA CUISSON DE LA CHOUCROUTE AU FOUR

☐ LA CUISSON AU VIN BLANC

☐ LE POCHAGE DE LA VIANDE

JE ME NOTE

..... /20

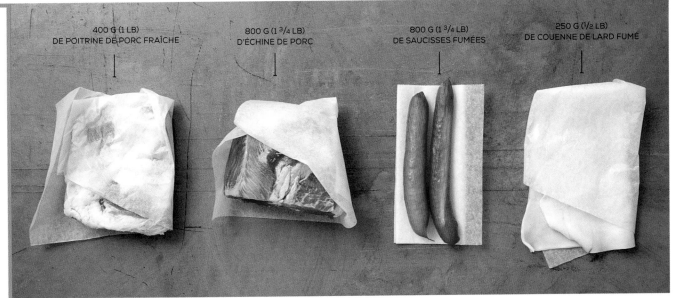

400 G (1 LB)
DE POITRINE DE PORC FRAÎCHE

800 G (1 ¾ LB)
D'ÉCHINE DE PORC

800 G (1 ¾ LB)
DE SAUCISSES FUMÉES

250 G (½ LB)
DE COUENNE DE LARD FUMÉ

FRUITS, LÉGUMES, HERBES

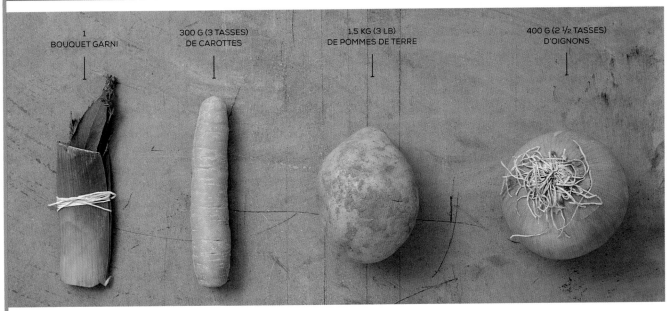

1
BOUQUET GARNI

300 G (3 TASSES)
DE CAROTTES

1.5 KG (3 LB)
DE POMMES DE TERRE

400 G (2 ½ TASSES)
D'OIGNONS

ÉPICERIE

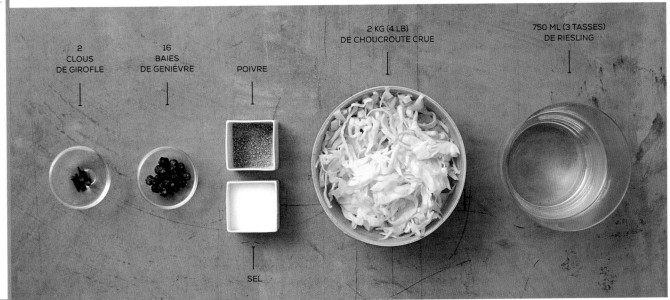

2
CLOUS
DE GIROFLE

16
BAIES
DE GENIÈVRE

POIVRE

2 KG (4 LB)
DE CHOUCROUTE CRUE

750 ML (3 TASSES)
DE RIESLING

SEL

1

LA GARNITURE AROMATIQUE

⏱ **10 MINUTES**

Peler les oignons et les clouter près de la racine.

 **CONSEIL** MasterChef

LES CLOUS DE GIROFLE PIQUÉS PRÈS DE LA RACINE D'UN OIGNON NE TOMBENT PAS LORS DE LA CUISSON, CAR CETTE ZONE EST LA PARTIE LA PLUS FERME DE L'OIGNON.

Laver et éplucher les carottes, puis les fendre en deux.

2

CHOUCROUTE AU RIESLING

⏱ **10 MINUTES**

+ CUISSON 2 H

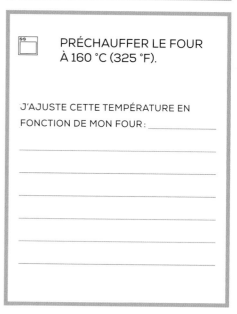

PRÉCHAUFFER LE FOUR À 160 °C (325 °F).

J'AJUSTE CETTE TEMPÉRATURE EN FONCTION DE MON FOUR : _____

_____

_____

_____

_____

_____

Garnir le fond d'une cocotte de couenne de lard fumé.

Disposer en couches successives la choucroute, les carottes, les oignons, le bouquet garni et les baies de genièvre dans la cocotte.

CONSEIL MasterChef

SUPERPOSER LES COUCHES PERMET DE BIEN RÉPARTIR L'ASSAISONNEMENT ET LES AROMATES AU SEIN DU CHOU.

Saler un peu, puis disposer les morceaux d'échine et de poitrine de porc dans la cocotte, sur le tout.

Mouiller avec le vin blanc et compléter à hauteur avec de l'eau.

Ⓜ CONSEIL MasterChef

CUIRE AVEC PLUS D'EAU QUE DE VIN PERMET D'OBTENIR UNE CHOUCROUTE PLUS DIGESTE ET MOINS ACIDE.

Porter à ébullition, puis couvrir la cocotte et l'enfourner. Laisser cuire pendant environ 1 h 30.

Ⓜ CONSEIL MasterChef

LA CUISSON AU FOUR ASSURE UNE CHALEUR DOUCE ET RÉGULIÈRE.

Ajouter les saucisses fumées et prolonger la cuisson d'environ 30 minutes.

3

LES POMMES VAPEUR

🕙 **10** MINUTES

+ CUISSON 20 MIN

Laver et éplucher les pommes de terre.

Tourner les pommes de terre à l'aide d'un petit couteau bien aiguisé pour les façonner en morceaux ovoïdes identiques.

**TOURNER LES POMMES
DE TERRE** EST UNE OPÉRATION
UN PEU LONGUE LORSQU'ON
N'A PAS L'HABITUDE DE LE
FAIRE. ON PEUT L'ÉVITER,
MAIS IL FAUT ALORS COUPER
LES POMMES DE TERRE EN
QUARTIERS DE MÊME TAILLE
POUR QUE LEUR CUISSON SOIT
UNIFORME.

Faire cuire les pommes de terre à la vapeur
pendant 20 minutes.

LA CUISSON À LA VAPEUR
PERMET AUX POMMES DE TERRE
DE RESTER FERMES,
ET NON DE SE GORGER D'EAU.

4

TERMINER LA CHOUCROUTE

10 MINUTES

Goûter la choucroute et, si nécessaire, rectifier l'assaisonnement.

**GOÛTER EN FIN DE
CUISSON** PERMET D'AJUSTER
PARFAITEMENT
L'ASSAISONNEMENT.
IL NE FAUT JAMAIS SALER
BEAUCOUP AU DÉBUT
D'UNE CUISSON LONGUE,
CAR LE JUS VA RÉDUIRE
ET SE CONCENTRER EN SEL.

Retirer les éléments aromatiques : oignons
cloutés, carottes, couenne…

Découper les morceaux de viande en tranches régulières.

Dresser la choucroute égouttée en dôme, la
viande et les pommes de terre autour.

BŒUF BOURGUIGNON

 45 min
PRÉPARATION

+

 4 h 30
CUISSON

+

 12 h
ATTENTE

=

 17 h 15
TOUT COMPRIS

 ★★
NIVEAU

 $
BUDGET

INGRÉDIENTS POUR 8 PERSONNES

PALERON DE BŒUF ▸ 1,2 kg (2 ²/₃ lb)

AIL ▸ 2 gousses + 2 gousses

CAROTTES ▸ 100 g (1 tasse) + 200 g (2 tasses)

OIGNONS ▸ 100 g (¹/₂ tasse) + 200 g (1 ¹/₄ tasse)

POIVRE NOIR ▸ 10 grains

BAIES DE GENIÈVRE ▸ 5

CLOUS DE GIROFLE ▸ 2

SEL

BOUQUETS GARNIS ▸ 1 + 1

BOURGOGNE ▸ 750 ml (3 tasses)

COGNAC ▸ 100 ml (¹/₂ tasse)

HUILE DE TOURNESOL ▸ 50 ml (¹/₄ tasse) + 50 ml (¹/₄ tasse)

POIVRE

FARINE ▸ 50 g (¹/₃ tasse)

FOND DE VEAU BRUN CLAIR ▸ 750 ml (3 tasses)

● **BOISSON** mercurey rouge // pommard

CHANGEMENT D'ASSOCIATIONS

DAUBE DE BŒUF

▸ Remplacer le bourgogne par un vin du Sud-Ouest et ajouter du zeste d'orange pour réaliser une daube de bœuf.

PAS DE VIN ROUGE ?

▸ Remplacer le vin rouge par un bon vinaigre et un peu de bouillon de légumes.

AVEC CETTE RECETTE

JE SAIS MAINTENANT

☐ MARINER UNE VIANDE AU VIN ROUGE

☐ RISSOLER UNE VIANDE COUPÉE EN MORCEAUX

☐ MOUILLER ET CUIRE UN RAGOÛT

JE ME NOTE

..... /20

QUELS MORCEAUX DE VIANDE ?

Les morceaux de 2ᵉ et de 3ᵉ catégories sont parfaits pour les cuissons longues.

SANS BŒUF Avec un coq coupé en morceaux à la place de bœuf, la même recette permet de faire un délicieux coq au vin.

PAS DE PALERON ?

Utiliser de la macreuse ou, encore plus tendre mais un peu gélatineux, de la joue de bœuf.

SUR LE FEU OU AU FOUR ?

Cuire le ragoût au four évite à la sauce d'attacher car la chaleur est douce et régulière.

GARNITURE TRADITIONNELLE

Elle est composée de petits oignons glacés à brun, de champignons sautés (voir p. 218) et de lardons sautés.

ÉPICERIE / BOUCHERIE

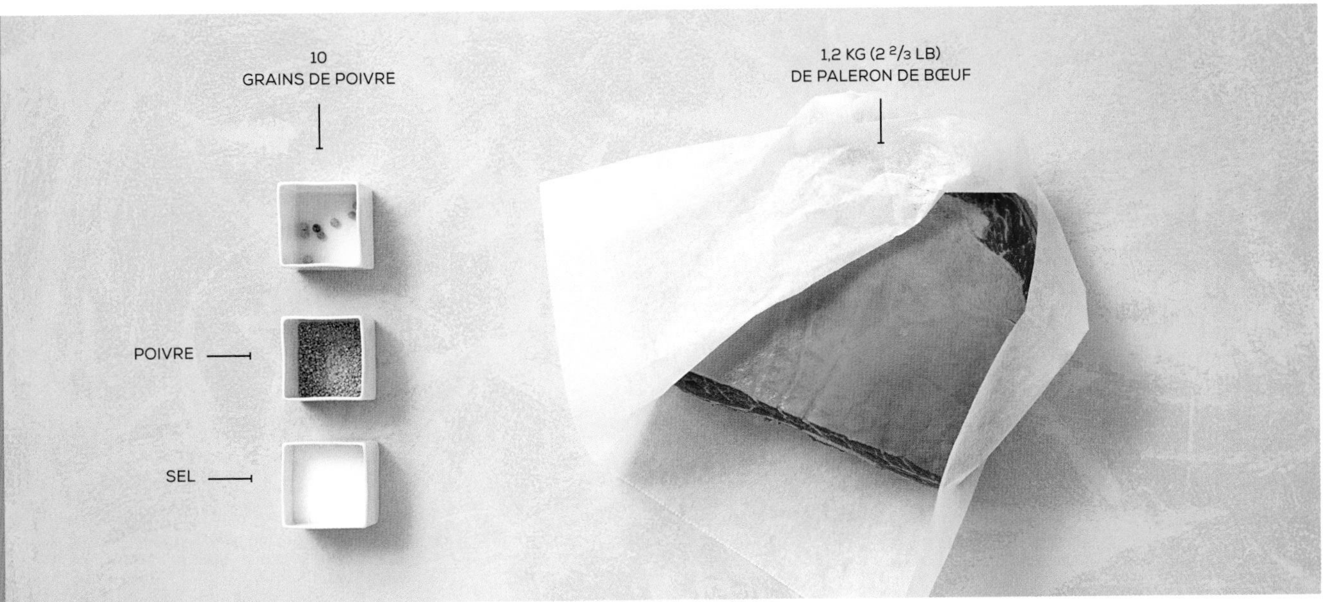
10
GRAINS DE POIVRE
POIVRE
SEL
1,2 KG (2 2/3 LB)
DE PALERON DE BŒUF

FRUITS, LÉGUMES, HERBES

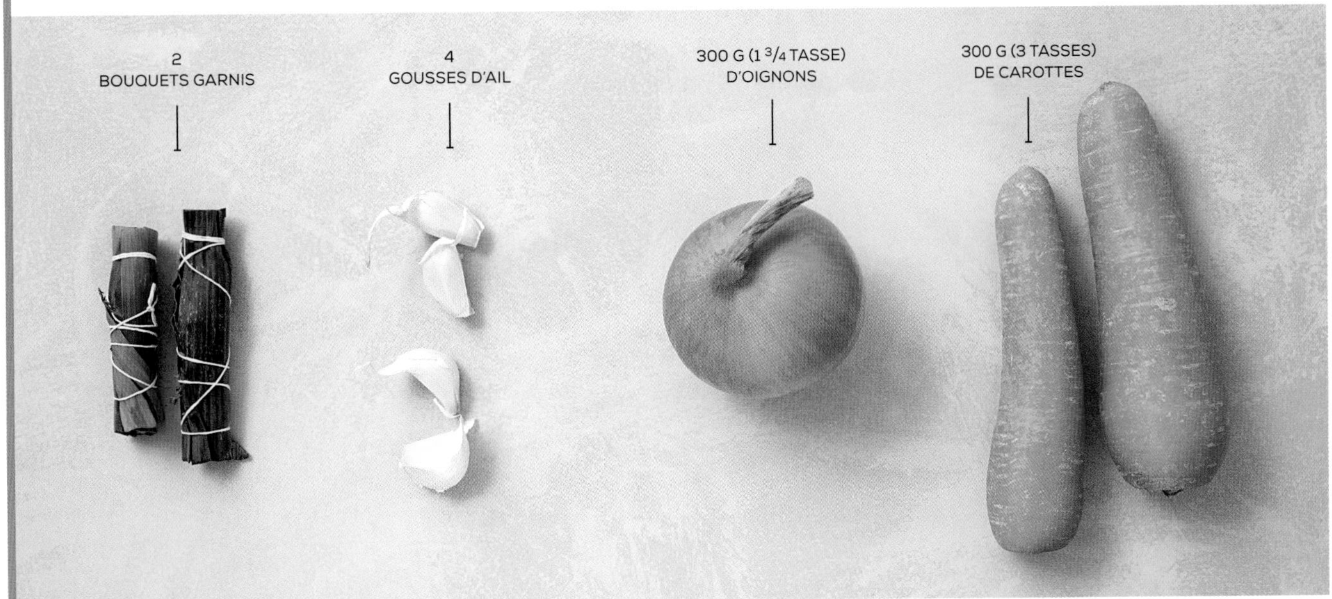
2
BOUQUETS GARNIS
4
GOUSSES D'AIL
300 G (1 3/4 TASSE)
D'OIGNONS
300 G (3 TASSES)
DE CAROTTES

ÉPICERIE

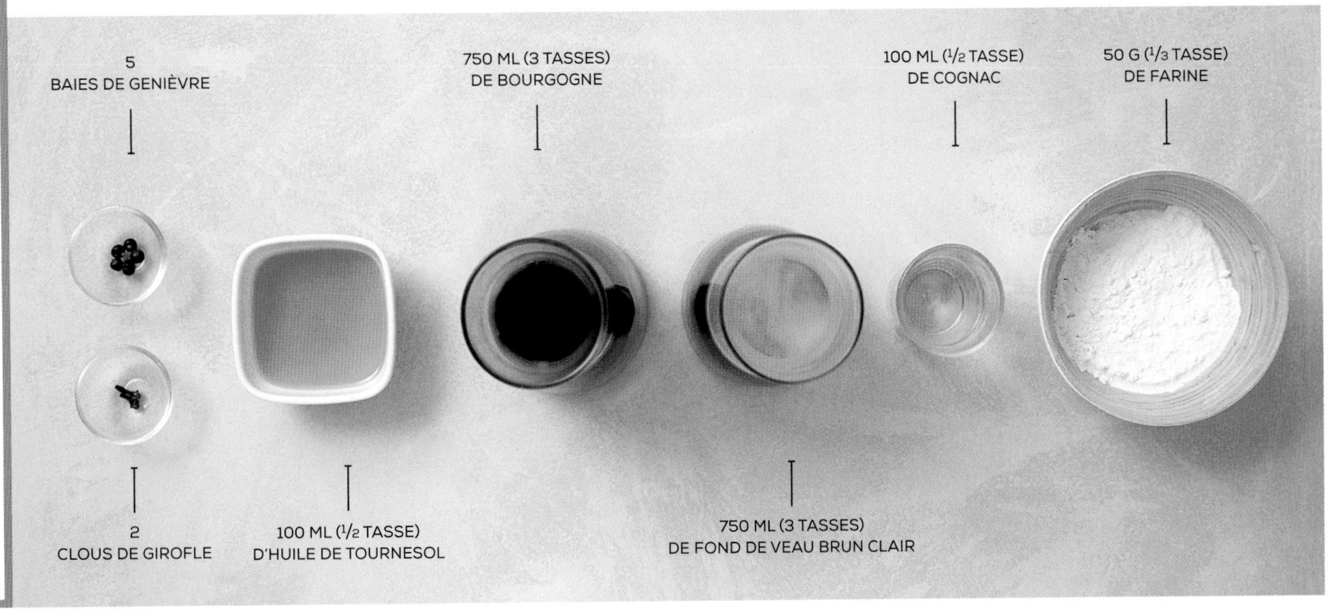
5
BAIES DE GENIÈVRE
750 ML (3 TASSES)
DE BOURGOGNE
100 ML (1/2 TASSE)
DE COGNAC
50 G (1/3 TASSE)
DE FARINE
2
CLOUS DE GIROFLE
100 ML (1/2 TASSE)
D'HUILE DE TOURNESOL
750 ML (3 TASSES)
DE FOND DE VEAU BRUN CLAIR

1

LA VEILLE
FAIRE MARINER LA VIANDE

10 MINUTES

+ ATTENTE 12 H

Détailler la viande en morceaux de 50 g (1 ¾ oz) environ dans un saladier. Écraser 2 gousses d'ail avec le plat de la lame d'un couteau.

Éplucher 100 g (1 tasse) de carottes et 100 g (½ tasse) d'oignons, les laver et les tailler grossièrement en cubes.

Mélanger les légumes, l'ail, les épices et un bouquet garni avec la viande. Verser le vin rouge et le cognac, puis un filet d'huile.

m CONSEIL MasterChef

LE FILET D'HUILE D'OLIVE S'ÉTEND À LA SURFACE ET MET LA VIANDE À L'ABRI DE L'OXYGÈNE, EMPÊCHANT LE DÉVELOPPEMENT DES BACTÉRIES AÉROBIES.

Couvrir d'une pellicule plastique et laisser mariner au froid pendant environ 12 heures.

m CONSEIL MasterChef

IL FAUT VEILLER À BIEN COUVRIR LES PRODUITS MIS EN MARINADE EN PLAÇANT LA FEUILLE DE PELLICULE PLASTIQUE AU CONTACT DU LIQUIDE, POUR LIMITER AU MAXIMUM L'OXYDATION DUE À L'OXYGÈNE DE L'AIR.

2

LA GARNITURE AROMATIQUE

10 MINUTES

Laver, éplucher et tailler en gros cubes 200 g (2 tasses) de carottes et 200 g (1 ¼ tasse) d'oignons. Écraser 2 gousses d'ail.

3

CUIRE LE RAGOÛT À BRUN

15 MINUTES

+ CUISSON 4 H 30

PRÉCHAUFFER LE FOUR À 240 °C (465 °F).

J'AJUSTE CETTE TEMPÉRATURE EN FONCTION DE MON FOUR : _____

_____

_____

_____

_____

_____

Décanter les morceaux de bœuf tout en réservant la marinade, puis les éponger.

Faire chauffer de l'huile dans une cocotte et, quand elle fume, y faire rissoler les morceaux de bœuf.

CONSEIL MasterChef

RISSOLER CONSISTE À SAISIR ET À COLORER FORTEMENT LA VIANDE DANS UN CORPS GRAS CHAUD. PLUS LE RISSOLAGE EST POUSSÉ, PLUS LA SAUCE EST COLORÉE ET PLUS LE GOÛT EST PRONONCÉ.

Ajouter les carottes et les oignons, assaisonner et pincer légèrement, pendant 5 minutes.

CONSEIL MasterChef

PINCER LA GARNITURE
CONSISTE À LA COLORER TRÈS LÉGÈREMENT DANS UN CORPS GRAS. IL FAUT VEILLER À NE PAS TROP LA COLORER, FAUTE DE QUOI ELLE COMMUNIQUERAIT UN GOÛT AMER À LA SAUCE.

Transférer la viande et la garniture dans un plat et dégraisser partiellement la cocotte, puis y remettre la viande et la garniture.

Saupoudrer de 50 g (⅓ tasse) de farine et remuer pour en enrober les morceaux.

Glisser la cocotte dans le four et laisser cuire pendant 5 minutes pour assurer une légère coloration.

Sortir la cocotte du four. Mouiller avec 750 ml (3 tasses) de marinade filtrée, porter rapidement à ébullition et laisser réduire 5 minutes.

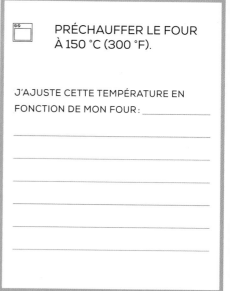

PRÉCHAUFFER LE FOUR
À 150 °C (300 °F).

J'AJUSTE CETTE TEMPÉRATURE EN
FONCTION DE MON FOUR : _____

_____

_____

_____

_____

Ajouter le fond brun clair, l'ail écrasé et un bouquet garni. Porter à ébullition, puis couvrir et enfourner pour 4 heures.

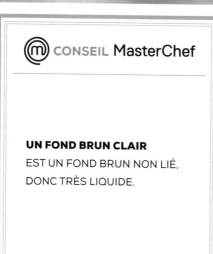

ⓜ CONSEIL MasterChef

UN FOND BRUN CLAIR
EST UN FOND BRUN NON LIÉ,
DONC TRÈS LIQUIDE.

4

LA FINITION

10 MINUTES

Sortir la cocotte du four et décanter les morceaux de bœuf.

Vérifier la liaison de la sauce. Si nécessaire, la transférer dans une casserole et la faire réduire pour qu'elle épaississe un peu.

Rectifier l'assaisonnement et filtrer la sauce à l'aide d'un chinois sur la viande. Réserver au chaud jusqu'au moment de servir.

LES ATELIERS DE ⓜ MasterChef

**BŒUF
BOURGUIGNON**

NAVARIN
D'AGNEAU

50 min
PRÉPARATION

\+

1 h 55
CUISSON

\=

2 h 45
TOUT COMPRIS

★ ★
NIVEAU

$$
BUDGET

INGRÉDIENTS POUR 8 PERSONNES

ÉPAULE D'AGNEAU DÉSOSSÉE ▶ 1,5 kg (3 ⅓ lb)

AIL ▶ 4 gousses

OIGNONS ▶ 200 g (1 ¼ tasse)

BOUQUET GARNI ▶ 1

HUILE ▶ 100 ml (½ tasse)

FARINE ▶ 100 g (¾ tasse)

CONCENTRÉ DE TOMATES ▶ 50 g (¼ tasse)

SUCRE ▶ 1 pincée

SEL

POIVRE

● **BOISSON** madiran // cahors

CHANGEMENT D'ASSOCIATIONS

NOTE DE FRAÎCHEUR
▶ Ajouter en fin de cuisson des quartiers de concombre pour apporter de la fraîcheur.

TOUCHE SLAVE
▶ Ajouter du paprika au début de la cuisson et un peu de crème sure au moment du service.

AGNEAU OU MOUTON ?
En grandissant, l'agneau devient mouton. Sa chair est plus foncée, et son goût plus fort. On peut le cuisiner en augmentant un peu le temps de cuisson, mais il faut penser à bien le dégraisser car la graisse apporte un goût peu agréable.

PAS D'ÉPAULE ?
Choisir du collier, du haut de côtes ou de la poitrine.

AVEC CETTE RECETTE

JE SAIS MAINTENANT

☐ DÉTAILLER UNE ÉPAULE
☐ SINGER
☐ DÉCANTER

COMBIEN DE MORCEAUX ?
Traditionnellement, on compte trois morceaux par personne.

« NAVARIN » DE VEAU
Le navarin est propre à l'agneau, mais on peut aussi réaliser cette recette avec de l'épaule de veau.

AVEC DES FRUITS
L'agneau se marie très bien avec les pommes, les poires et les coings, et bien entendu avec les fruits secs.

JE ME NOTE

...... /20

BOUCHERIE

1,5 KG (3 1/3 LB)
D'ÉPAULE D'AGNEAU DÉSOSSÉE

FRUITS, LÉGUMES, HERBES

4
GOUSSES D'AIL

200 G (1 1/4 TASSE)
D'OIGNONS

1
BOUQUET GARNI

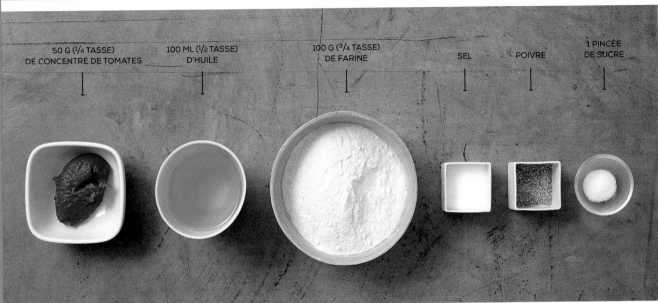

ÉPICERIE

50 G (1/4 TASSE)
DE CONCENTRÉ DE TOMATES

100 ML (1/2 TASSE)
D'HUILE

100 G (3/4 TASSE)
DE FARINE

SEL

POIVRE

1 PINCÉE
DE SUCRE

NAVARIN D'AGNEAU / 115

1

DÉTAILLER L'ÉPAULE D'AGNEAU

10 MINUTES

Parer et dégraisser partiellement l'épaule.

À l'aide d'un petit couteau, enlever la pellicule graisseuse à la surface pour mettre le muscle à nu.

Couper l'épaule en morceaux d'environ 50 à 60 g (1 3/4 à 2 oz) pièce, soit 24 morceaux.

2

CUIRE LE NAVARIN

30 MINUTES

+ CUISSON 1 H 55

PRÉCHAUFFER LE FOUR
À 210 °C (400 °F).

J'AJUSTE CETTE TEMPÉRATURE EN
FONCTION DE MON FOUR : _____

_____

_____

_____

_____

_____

Écraser les gousses d'ail sans les éplucher, du plat de la lame d'un couteau. Peler et ciseler les oignons.

Mettre l'huile à chauffer fortement dans une marmite.

Faire rissoler l'agneau dans l'huile fumante, sans superposer les morceaux. Au besoin, procéder en plusieurs fois.

Retourner les morceaux d'épaule et laisser colorer fortement chaque face.

Dégraisser partiellement le récipient de cuisson.

Ajouter les oignons ciselés et les laisser suer quelques minutes à feu doux.

Singer les morceaux d'agneau et mélanger pour bien enrober chacun d'eux de farine.

Ajouter le concentré de tomates sur les morceaux d'agneau farinés.

Glisser la cocotte dans le four et laisser torréfier pendant 5 minutes.

Remettre sur le feu et mouiller avec environ 2 litres (8 tasses) d'eau pour couvrir largement la viande.

BAISSER LA TEMPÉRATURE DU FOUR À 180 °C (350 °F).

J'AJUSTE CETTE TEMPÉRATURE EN FONCTION DE MON FOUR : _____

_____

_____

_____

_____

_____

Adjoindre l'ail écrasé, le bouquet garni et l'assaisonnement, puis porter à ébullition sur feu vif.

Couvrir la cocotte, la glisser dans le four et laisser cuire pendant 1 h 30.

3

DÉCANTER LE NAVARIN ET FILTRER LA SAUCE

10 MINUTES

Décanter les morceaux d'agneau à l'aide d'une écumoire et d'une fourchette, et les déposer dans le plat de service.

CONSEIL MasterChef

DÉCANTER SIGNIFIE SÉPARER LA PARTIE SOLIDE DE LA PARTIE LIQUIDE D'UNE PRÉPARATION EN SORTANT LA PREMIÈRE DU RÉCIPIENT DE CUISSON. LE PLUS SOUVENT, C'EST PARCE QUE LA PARTIE SOLIDE EST CUITE ET QU'ON VEUT TERMINER LA SAUCE.

Filtrer la sauce au chinois, sans fouler.

CONSEIL MasterChef

FOULER VEUT DIRE PRESSER LES INGRÉDIENTS SOLIDES D'UNE PRÉPARATION CONTRE LA PAROI D'UNE PASSOIRE. SI ON NE FOULE PAS ICI, C'EST PARCE QU'ON NE VEUT PAS DE PETITS MORCEAUX DE LÉGUMES ÉCRASÉS DANS LA SAUCE (ILS FERMENTERAIENT).

Vérifier l'assaisonnement et la liaison de la sauce avant de la verser sur les morceaux d'agneau.

LES ATELIERS DE MasterChef

POULET SAUTÉ
À LA BASQUAISE
ET TIAN DE LÉGUMES

 1 h
PRÉPARATION

+

 1 h 35
CUISSON

=

 2 h 35
TOUT COMPRIS

★★
NIVEAU

$ $
BUDGET

INGRÉDIENTS POUR 8 PERSONNES

AIL ▸	4 gousses + 4 gousses
OIGNONS ▸	400 g (2 ½ tasses)
TOMATES ▸	600 g (3 ½ tasses) + 800 g (4 ½ tasses)
POIVRONS VERTS ▸	300 g (2 tasses)
HUILE D'OLIVE ▸	20 ml (1 c. à soupe) + 30 ml (2 c. à soupe) + 20 ml (1 c. à soupe) + 50 ml (¼ tasse)
CUISSES OU SUPRÊMES DE POULET ▸	8
SEL	
PIMENT D'ESPELETTE	
FARINE ▸	100 g (¾ tasse)
BEURRE ▸	25 g (2 c. à soupe)
VIN BLANC ▸	100 ml (½ tasse)
JUS DE VEAU LIÉ ▸	250 ml (1 tasse)
AUBERGINES ▸	800 g (10 tasses)
COURGETTES ▸	800 g (7 tasses)
HERBES DE PROVENCE	

● **BOISSON** cahors // côtes-de-duras

CHANGEMENT D'ASSOCIATIONS

AVEC UNE PINTADE

▸ La pintade convient très bien à cette recette, il faut juste adapter le temps de cuisson.

BEAU GRATIN

▸ Ajouter du parmesan sur le gratin avant la cuisson pour obtenir une belle coloration.

JE MAÎTRISE MAINTENANT

☐ LA CUISSON DU POULET SAUTÉ

☐ LA RÉALISATION DE LA GARNITURE BASQUAISE

☐ LE MONTAGE D'UN TIAN

_____ JE ME NOTE

_____

_____ ..... /20

CHOIX DES MORCEAUX DE POULET

Choisir des morceaux de poulet de même taille, uniquement des cuisses ou des suprêmes dans l'idéal.

PAS DE PIMENT D'ESPELETTE ?

Le remplacer par un bon tour de moulin à poivre.

QUELLES TOMATES POUR LE GRATIN ?

Choisir des tomates à chair ferme, de type roma ou torino.

QUELLE SORTE D'OIGNONS ?

Prendre de l'oignon doux pour obtenir une basquaise délicate.

BOUCHERIE / CRÉMERIE

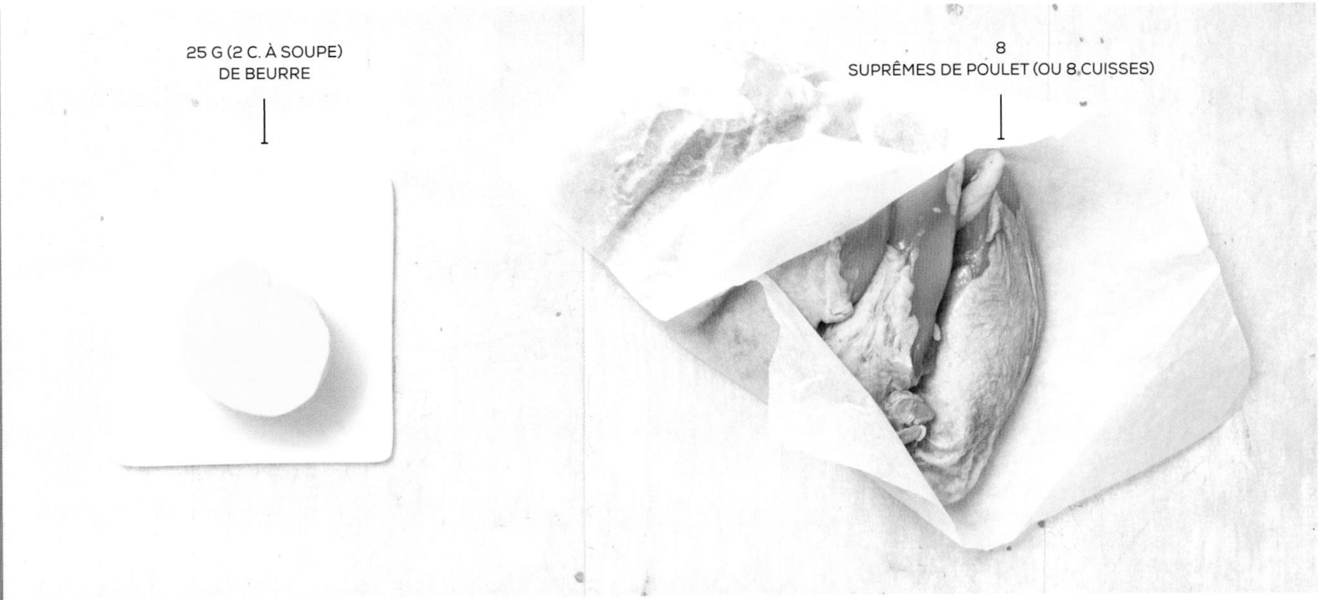
25 G (2 C. À SOUPE)
DE BEURRE
8
SUPRÊMES DE POULET (OU 8 CUISSES)

FRUITS, LÉGUMES

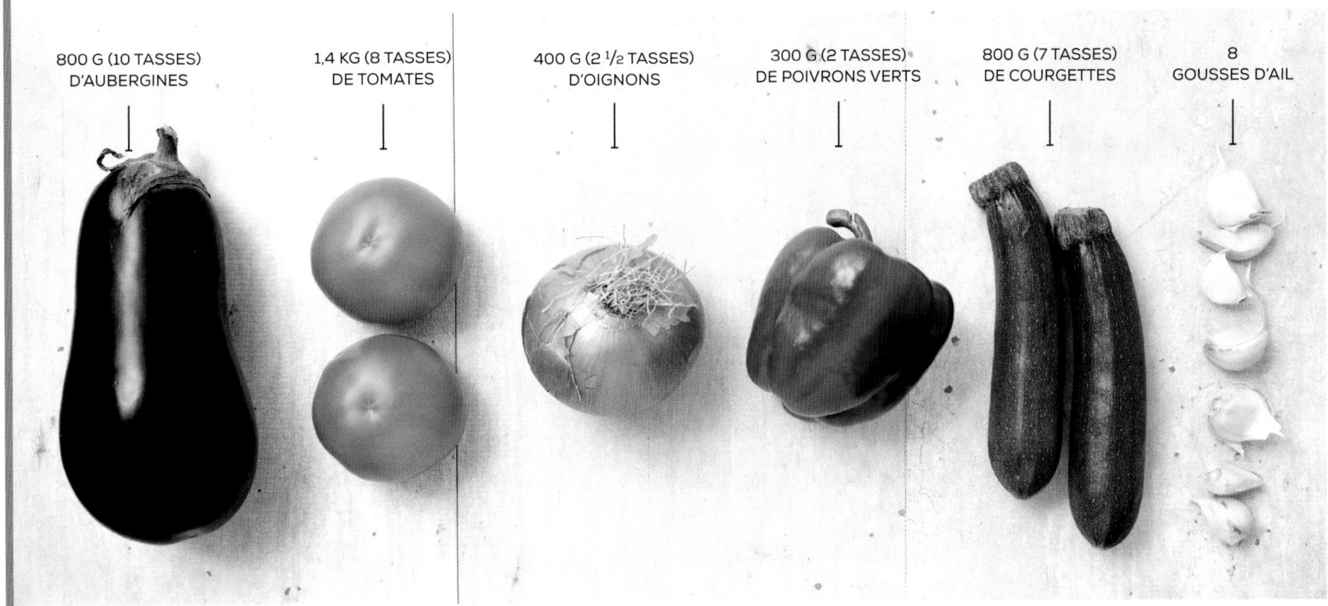
800 G (10 TASSES)
D'AUBERGINES
1,4 KG (8 TASSES)
DE TOMATES
400 G (2 1/2 TASSES)
D'OIGNONS
300 G (2 TASSES)
DE POIVRONS VERTS
800 G (7 TASSES)
DE COURGETTES
8
GOUSSES D'AIL

ÉPICERIE

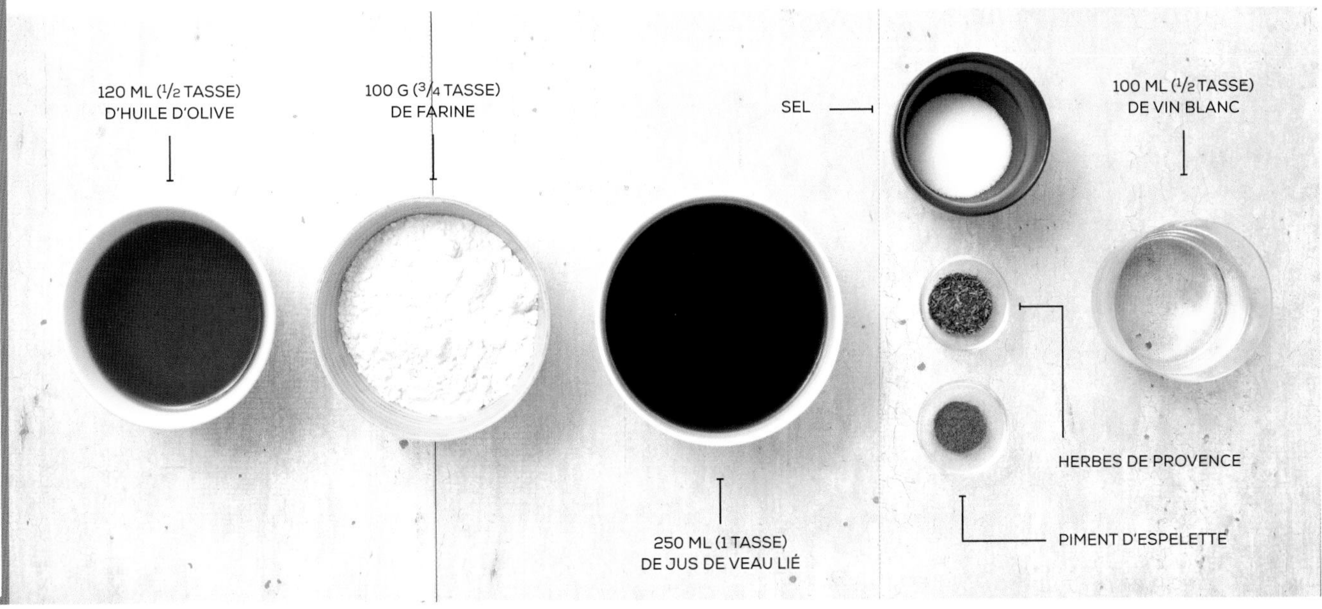
120 ML (1/2 TASSE)
D'HUILE D'OLIVE
100 G (3/4 TASSE)
DE FARINE
SEL
100 ML (1/2 TASSE)
DE VIN BLANC
HERBES DE PROVENCE
250 ML (1 TASSE)
DE JUS DE VEAU LIÉ
PIMENT D'ESPELETTE

1

PRÉPARER LA GARNITURE BASQUAISE

20 MINUTES

+ CUISSON 30 MIN

Laver, éplucher et écraser 4 gousses d'ail. Laver, éplucher et ciseler les oignons.

Laver 600 g (3 ½ tasses) de tomates, leur enlever le pédoncule et les plonger 12 secondes dans de l'eau bouillante.

Arrêter aussitôt la cuisson en passant les tomates dans l'eau glacée, puis les peler, les épépiner et les concasser.

Monder les poivrons verts ou les peler à l'aide d'un économe. Les épépiner et les tailler en lanières d'environ 5 mm (¼ po) de large.

(M) CONSEIL MasterChef

POUR MONDER DES POIVRONS, LES PASSER AU FOUR À 200 °C (400 °F) JUSQU'À CE QUE LA PEAU DEVIENNE NOIRE, PUIS LES ENFERMER DANS UN SAC EN PLASTIQUE POUR QUE LA VAPEUR FINISSE DE DÉCOLLER LA PEAU. LES ÉPLUCHER LORSQU'ILS SONT TIÈDES.

Faire fondre la moitié des oignons dans une sauteuse avec 20 ml (1 c. à soupe) d'huile d'olive jusqu'à ce qu'ils soient dorés.

Ajouter les lanières de poivron, les tomates concassées et l'ail.

Assaisonner de sel et de piment d'Espelette, et laisser cuire sur feu très doux jusqu'à évaporation de l'eau de végétation.

2

PRÉPARATION ET CUISSON DU POULET

20 MINUTES

+ CUISSON 45 MIN

Si on a choisi des cuisses, les partager au niveau de l'articulation. Si on a choisi des suprêmes, les couper en deux.

Assaisonner les morceaux de volaille et les fariner, mais sans excès.

Mettre à chauffer 30 ml (2 c. à soupe) d'huile d'olive avec 25 g (2 c. à soupe) de beurre dans une cocotte.

Déposer les morceaux de poulet du côté peau dans la matière grasse bien chaude.

Retourner les morceaux pour faire sauter et colorer la deuxième face.

Couvrir la cocotte et l'enfourner pendant 15 minutes pour des suprêmes, et pendant 20 minutes environ pour des cuisses.

Retirer le poulet et le réserver au chaud. Dégraisser partiellement la cocotte.

Mettre le reste des oignons ciselés dans la cocotte et les faire suer sans les laisser colorer.

Déglacer au vin blanc, décoller les sucs en grattant avec une spatule en bois et laisser réduire de moitié.

Mouiller au jus de veau, laisser mijoter 5 minutes et filtrer au chinois ; la sauce doit être onctueuse. Vérifier l'assaisonnement.

3

LE TIAN DE LÉGUMES

20 MINUTES

+ CUISSON 20 MIN

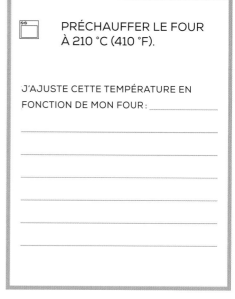

PRÉCHAUFFER LE FOUR À 210 °C (410 °F).

J'AJUSTE CETTE TEMPÉRATURE EN FONCTION DE MON FOUR : _____

_____

_____

_____

_____

Éplucher et hacher 4 gousses d'ail. Laver les aubergines, les courgettes et les tomates, puis les couper en tranches de 3 à 5 mm (1/8 à 1/4 po).

Huiler et saler un plat à gratin, puis y ranger bien serré les légumes, en intercalant et en faisant se chevaucher les tranches.

Assaisonner, parsemer d'ail haché et d'herbes de Provence, et arroser d'un filet d'huile d'olive. Enfourner pour 20 minutes.

**POULET SAUTÉ À LA BASQUAISE
ET TIAN DE LÉGUMES**

SAUMON
À L'OSEILLE, JARDINIÈRE DE LÉGUMES

 1 h 10 PRÉPARATION **+** **40 min** CUISSON **=** **1 h 50** TOUT COMPRIS **★★** NIVEAU  BUDGET

INGRÉDIENTS POUR 6 PERSONNES

OSEILLE ▸ 1 botte

PETITS POIS ▸ 400 g (3 tasses)

HARICOTS VERTS ▸ 250 g (1 ½ tasse)

CAROTTES ▸ 400 g (4 tasses)

NAVETS ▸ 400 g (3 tasses)

GROS SEL

BEURRE ▸ 15 g (1 c. à soupe) + 15 g (1 c. à soupe)

ÉCHALOTES ▸ 50 g (⅓ tasse)

VIN BLANC ▸ 100 ml (½ tasse)

CRÈME LIQUIDE ▸ 200 ml (¾ tasse)

FILET DE SAUMON (AVEC LA PEAU) ▸ 1 kg (2 lb)

HUILE D'OLIVE ▸ 50 ml (¼ tasse)

FLEUR DE SEL

PIMENT D'ESPELETTE

● **BOISSON** chablis // sancerre

CHANGEMENT D'ASSOCIATIONS

ACCORD PARFAIT
▸ Proposer le saumon avec un flan d'épinards (voir p. 221), ces derniers se mariant très bien avec ce poisson.

EN DÉCO
▸ Réaliser une purée avec chacun des légumes prévus pour composer de belles assiettes!

AVEC CETTE RECETTE

JE MAÎTRISE MAINTENANT

☐ LA SAUCE À L'OSEILLE
☐ LA CUISSON D'UN FILET DE POISSON À L'UNILATÉRALE

JE ME NOTE

....../20

LE SAUMON EST GRAS, OUI MAIS...
C'est un poisson gras, mais le plus gras des poissons est toujours moins gras que n'importe quelle viande.

PAS DE SAUMON?
Utiliser les filets d'un poisson ferme: turbot, dorade ou bar.

AVEC LA PEAU?
La peau du poisson se mange si elle est bien croustillante et salée, sinon elle est désagréable en bouche.

QUEL POIDS?
Compter de 150 à 160 g (⅓ lb) de poisson cru par personne en plat, et environ 120 g (¼ lb) en entrée.

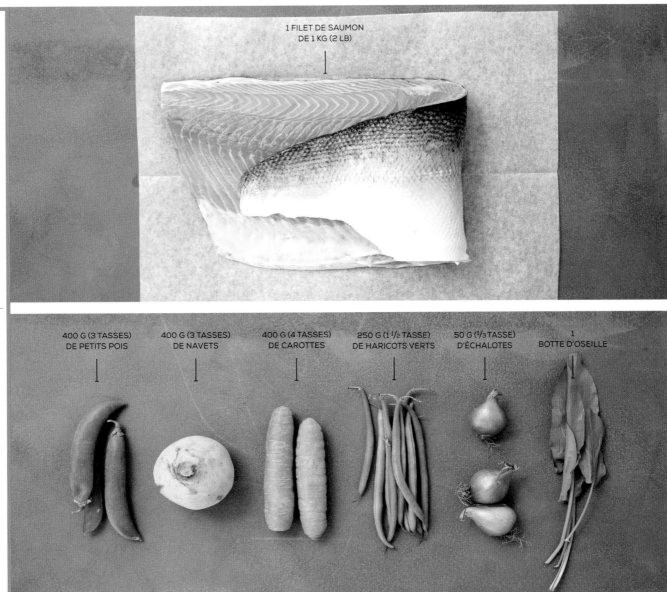

**1 FILET DE SAUMON
DE 1 KG (2 LB)**

400 G (3 TASSES)
DE PETITS POIS

400 G (3 TASSES)
DE NAVETS

400 G (4 TASSES)
DE CAROTTES

250 G (1 $\frac{1}{2}$ TASSE)
DE HARICOTS VERTS

50 G ($\frac{1}{3}$ TASSE)
D'ÉCHALOTES

1
BOTTE D'OSEILLE

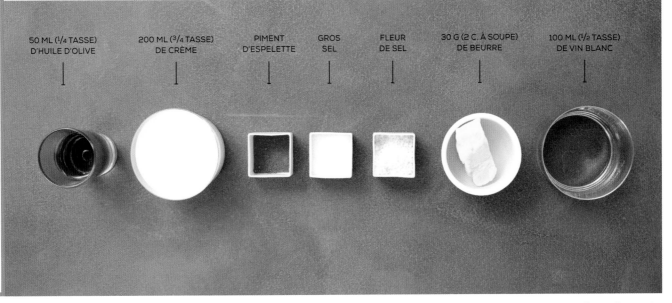

50 ML ($\frac{1}{4}$ TASSE)
D'HUILE D'OLIVE

200 ML ($\frac{3}{4}$ TASSE)
DE CRÈME

PIMENT
D'ESPELETTE

GROS
SEL

FLEUR
DE SEL

30 G (2 C. À SOUPE)
DE BEURRE

100 ML ($\frac{1}{2}$ TASSE)
DE VIN BLANC

1

PRÉPARER LES LÉGUMES

40 MINUTES

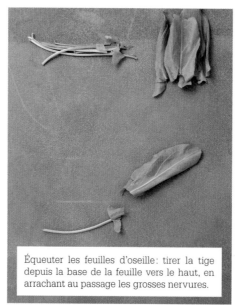

Équeuter les feuilles d'oseille : tirer la tige depuis la base de la feuille vers le haut, en arrachant au passage les grosses nervures.

Écosser les petits pois.

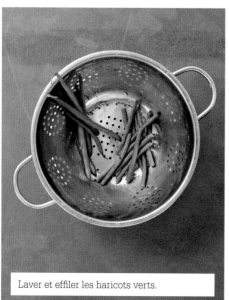

Laver et effiler les haricots verts.

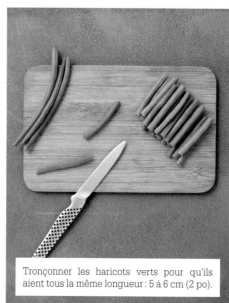

Tronçonner les haricots verts pour qu'ils aient tous la même longueur : 5 à 6 cm (2 po).

Laver et éplucher les carottes et les navets.

Les tailler en bâtonnets de 5 à 6 cm (2 po) de long et de 5 mm (1/4 po) de large.

2

CUIRE LA JARDINIÈRE

5 MINUTES

+ CUISSON 15 MIN

Porter de l'eau à ébullition dans quatre casseroles.

Cuire séparément les légumes à l'anglaise.

Contrôler la cuisson des légumes (ils doivent être encore légèrement croquants), puis les rafraîchir dans des bains d'eau glacée.

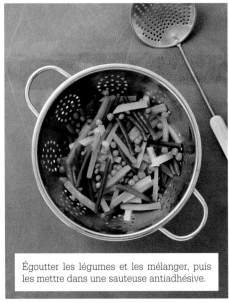

Égoutter les légumes et les mélanger, puis les mettre dans une sauteuse antiadhésive.

Ajouter 15 g (1 c. à soupe) de beurre, couvrir et porter sur feu doux, juste pour réchauffer la jardinière sans laisser les légumes colorer.

3

PRÉPARER LA CRÈME D'OSEILLE

10 MINUTES

+ CUISSON 15 MIN

Peler et ciseler les échalotes.

Les faire suer au beurre sans coloration dans une petite sauteuse.

Déglacer au vin blanc et laisser réduire de moitié.

Ajouter la crème et porter à ébullition.

Jeter les feuilles d'oseille dans la sauce bouillante et laisser mijoter pendant 2 minutes.

Mixer rapidement la sauce, puis la conserver au chaud.

4

CUISSON DES FILETS DE SAUMON

15 MINUTES

+ CUISSON 10 MIN

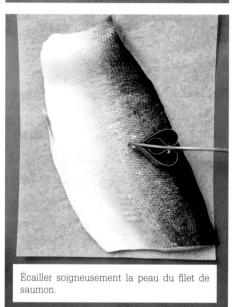

Écailler soigneusement la peau du filet de saumon.

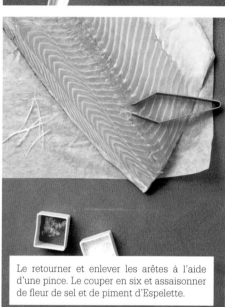

Le retourner et enlever les arêtes à l'aide d'une pince. Le couper en six et assaisonner de fleur de sel et de piment d'Espelette.

Faire chauffer l'huile d'olive dans une grande poêle antiadhésive et y déposer les morceaux de saumon, côté peau contre le fond.

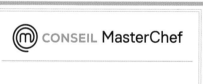

CONSEIL MasterChef

À DÉFAUT DE POÊLE ANTIADHÉSIVE, IL EST POSSIBLE DE PLACER UNE FEUILLE DE PAPIER SULFURISÉ ENTRE LE FOND DE LA POÊLE ET LA PEAU DU POISSON.

Augmenter le feu progressivement, pour que la chaleur monte de la peau vers la surface des filets.

La cuisson est parfaite lorsque le centre à la surface des filets de saumon est translucide.

LES ATELIERS DE MasterChef

**SAUMON À L'OSEILLE,
JARDINIÈRE
DE LÉGUMES**

LES ATELIERS DE  MasterChef

SOLES MEUNIÈRE

 PRÉPARATION **50 min** + CUISSON **15 min** = TOUT COMPRIS **1 h 5**

 NIVEAU ★★   BUDGET $$$

INGRÉDIENTS POUR 4 PERSONNES

SOLES PORTIONS ▸ 4

SEL

FARINE ▸ 65 g (½ tasse)

HUILE ▸ 60 ml (¼ tasse)

BEURRE ▸ 40 g (¼ tasse) + 100 g (½ tasse)

CITRONS ▸ 1 + 1

PERSIL FRISÉ ▸ ¼ de botte

● **BOISSON** pouilly fumé // sancerre

CHANGEMENT D'ASSOCIATIONS

AVEC DU MERLAN

▸ Cette recette est réalisable avec tous les poissons, mais elle est particulièrement bonne avec des filets de merlan bien frais.

SANS ARÊTES

▸ Utiliser des filets de sole pour faire des portions sans arêtes.

SOUCI DU DÉTAIL !

Pour protéger la queue après l'avoir colorée, glisser dessous une fine rondelle de pomme de terre crue, pour l'isoler de la chaleur et afin de ne pas la surcuire.

PERSIL ET CITRON

Le citron humidifie le persil, et le persil retient le jus dans ses «plis». Le beurre chaud versé dessus réagit au contact du persil humide en moussant.

LA FARINE

La farine sèche l'extérieur du poisson et permet d'obtenir une belle coloration et une fine croûte qui protège la chair, laquelle reste ainsi bien moelleuse.

PAS DE PERSIL FRISÉ ?

Le remplacer par une autre herbe fraîche ou surgelée, surtout pas par un produit sec.

CUIT ?

Appuyer sur la chair entre deux filets près de la tête: si la chair se détache au toucher, le poisson est cuit.

AVEC CETTE RECETTE

JE MAÎTRISE MAINTENANT

☐ LA CUISSON D'UN POISSON FARINÉ

☐ L'HABILLAGE D'UNE SOLE

JE ME NOTE

...... /20

4
PORTIONS DE SOLE

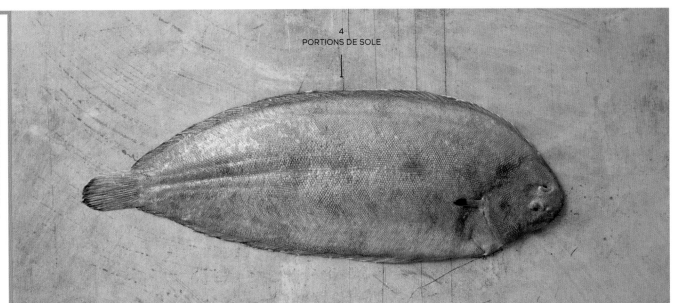

140 G (³/₄ TASSE)
DE BEURRE

2
CITRONS

¼ DE BOTTE
DE PERSIL FRISÉ

60 ML (¼ TASSE)
D'HUILE

65 G (½ TASSE)
DE FARINE

SEL

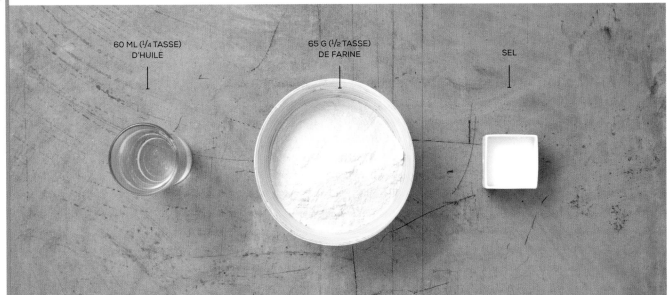

1

HABILLER LES SOLES

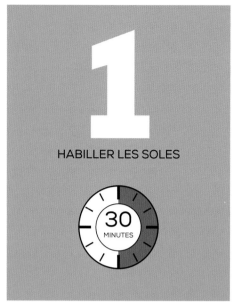

30 MINUTES

Écailler les soles de chaque côté en les frottant de la queue vers la tête avec un écailleur ou le dos d'un couteau.

Ébarber (couper) les nageoires en remontant de la queue vers la tête avec des ciseaux solides. Raccourcir la queue.

Inciser la peau noire au niveau de la queue et la pincer entre les doigts pour l'arracher entièrement, en protégeant les filets.

Retirer les branchies.

Enlever les viscères et la laitance en grattant délicatement l'intérieur de l'abdomen, de chaque côté, avec une cuillère à sorbet.

Rincer les soles sous un filet d'eau froide pour éliminer toutes les traces de sang.

2

LA CUISSON DES SOLES

5 MINUTES

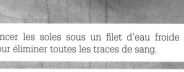

+ CUISSON 10 MIN

Sécher les soles avec du papier absorbant et les assaisonner, puis les fariner et les tapoter pour enlever l'excédent de farine.

Faire chauffer deux grandes poêles, avec dans chacune 30 ml (2 c. à soupe) d'huile et 20 g (1 c. à soupe) de beurre.

Dès que le beurre ne mousse plus, déposer les soles dans les poêles, ventre vers le haut.

Les saisir sur feu vif, puis baisser l'intensité de la chaleur. Faire cuire en arrosant fréquemment de graisse de cuisson.

Quand les soles sont bien dorées, les retourner délicatement avec une spatule large. Finir de les cuire en les arrosant souvent.

CONSEIL MasterChef

ARROSER SOUVENT LES POISSONS DE LEUR GRAISSE DE CUISSON PERMET DE NOURRIR LA CHAIR ET DE GARDER UNE CROÛTE FINE, CROUSTILLANTE MAIS PAS SÈCHE.

Dresser les soles sur le plat de service.

3

LE BEURRE MEUNIÈRE

2 MINUTES

+ CUISSON 5 MIN

Dégraisser une des poêles. Si le fond présente des traces de brûlé, prendre une poêle ou une casserole propre.

Y faire chauffer 100 g (1/2 tasse) de beurre jusqu'à ce qu'il prenne une jolie couleur dorée et sente bon la noisette.

 CONSEIL MasterChef

CUIT AINSI, LE BEURRE PORTE LE NOM DE « BEURRE NOISETTE ». IL A UN GOÛT BIEN SPÉCIFIQUE ET UNE COULEUR AGRÉABLE. VEILLER À ARRÊTER LA CUISSON AVANT QU'IL NE NOIRCISSE.

4

LA FINITION

15 MINUTES

Laver et brosser 1 citron. Le canneler, puis le trancher et décorer le plat de service de fines tranches de citron cannelées.

 CONSEIL MasterChef

CANNELER UN FRUIT OU UN LÉGUME, C'EST PRATIQUER DES ENTAILLES RÉGULIÈRES DANS SA PEAU.

LES FINES TRANCHES DE CITRON SONT DESTINÉES À ÊTRE POSÉES SUR LE POISSON, POUR CITRONNER LA CHAIR SANS L'ABÎMER.

Presser le second citron. Laver, éponger et hacher le persil. En parsemer les soles, puis les arroser de jus de citron.

CONSEIL MasterChef

LE PERSIL DOIT ÊTRE DÉPOSÉ TOUT AU LONG DE L'ARÊTE CENTRALE, ET LE JUS DE CITRON, VERSÉ SUR LE PERSIL.

Répartir le beurre noisette encore bien chaud sur les poissons.

CONSEIL MasterChef

IL EST IMPORTANT QUE LE BEURRE SOIT BIEN CHAUD, POUR PROVOQUER UN CHOC THERMIQUE AVEC LE JUS DE CITRON ET LE PERSIL.

Déposer éventuellement une tranche de citron pelé à vif et panée de persil haché sur la tête de chaque sole.

LES ATELIERS DE  MasterChef

BOUILLABAISSE

 1 h 20
PRÉPARATION

+ 1 h 10
CUISSON

= 2 h 30
TOUT COMPRIS

 ★★★
NIVEAU

 $
BUDGET

INGRÉDIENTS POUR 8 PERSONNES

RASCASSE ▸ 500 g (1 lb)

ROUGET GRONDIN ▸ 500 g (1 lb)

CONGRE ▸ 500 g (1 lb)

DORADE ▸ 500 g (1 lb)

MERLAN ▸ 500 g (1 lb)

OIGNONS ▸ 200 g (1 1/4 tasse)

FENOUIL ▸ 200 g (2 tasses)

BLANC DE POIREAU ▸ 100 g (1 tasse)

TOMATES ▸ 400 g (2 1/2 tasses)

HUILE D'OLIVE ▸ 30 ml (2 c. à soupe) + 80 ml (1/3 tasse) + 40 ml (3 c. à soupe) + 250 ml (1 tasse)

ÉTRILLES ▸ 500 g (1 lb)

BOUQUET GARNI ▸ 1

CONCENTRÉ DE TOMATES ▸ 1 c. à café

BAGUETTE ▸ 1

AIL ▸ 1 tête + 8 gousses + 3 gousses

SEL

MIE DE PAIN ▸ 25 g (1/2 tasse)

SAFRAN ▸ 1/4 c. à café

PIMENT ROUGE ▸ 1/4 de c. à café

JAUNE D'ŒUF ▸ 1

● **BOISSON** chablis // coteaux-d'aix-en-provence blanc

PETITS POISSONS
Préférer les petits poissons pour réaliser la bouillabaisse traditionnelle; c'est plus d'arêtes, mais aussi plus de saveur!

FUMET À L'HUILE D'OLIVE
Cette technique permet de réaliser des bases de sauce au poisson qui rappellent le soleil!

PAS
DE FENOUIL?
Ajouter une goutte de pastis à la réalisation: cela permet de remplacer le fenouil.

CHANGEMENT D'ASSOCIATIONS

CALDEIRADA
▸ Sans les tomates mais avec des poissons et des fruits de mer, c'est une soupe proche des *caldeiradas* portugaises.

BOURRIDE
▸ Utiliser exclusivement des poissons blancs et mélanger la rouille à la soupe obtenue... pour une bourride à la sétoise.

AVEC CETTE RECETTE

JE MAÎTRISE MAINTENANT

☐ LE FUMET DE POISSON

☐ LA ROUILLE

☐ LA SOUPE DE POISSONS

_____ JE ME NOTE

_____

_____

_____ ...... /20

500 G (1 LB)
DE CONGRE

500 G (1 LB)
D'ÉTRILLES

500 G (1 LB)
DE DORADE

500 G (1 LB)
DE ROUGET GRONDIN

500 G (1 LB)
DE MERLAN

500 G (1 LB)
DE RASCASSE

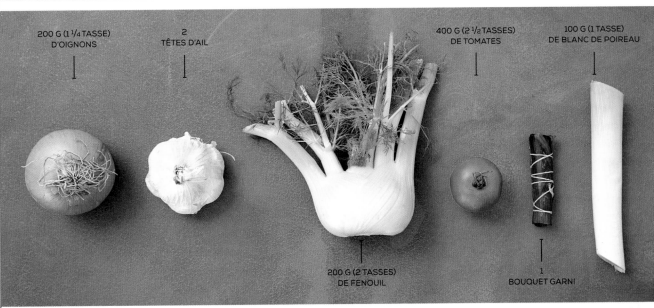

200 G (1 1/4 TASSE)
D'OIGNONS

2
TÊTES D'AIL

400 G (2 1/2 TASSES)
DE TOMATES

100 G (1 TASSE)
DE BLANC DE POIREAU

200 G (2 TASSES)
DE FENOUIL

1
BOUQUET GARNI

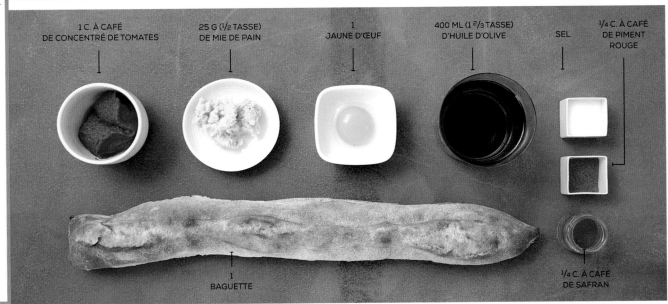

1 C. À CAFÉ
DE CONCENTRÉ DE TOMATES

25 G (1/2 TASSE)
DE MIE DE PAIN

1
JAUNE D'ŒUF

400 ML (1 2/3 TASSE)
D'HUILE D'OLIVE

SEL

1/4 C. À CAFÉ
DE PIMENT
ROUGE

1
BAGUETTE

1/4 C. À CAFÉ
DE SAFRAN

1

PRÉPARER LES POISSONS

30 MINUTES

Vider, écailler, laver et étêter les poissons ; garder les têtes et les queues pour le fumet.

Couper les poissons en tronçons d'environ 4 cm (1 ½ po) et les limoner sous un filet d'eau froide jusqu'à ce qu'ils soient propres.

2

PRÉPARER LES LÉGUMES

15 MINUTES

Éplucher les légumes. Ciseler oignons et fenouil, émincer le poireau et couper les tomates en quartiers.

3

LE FUMET DE POISSON ET DE CRUSTACÉ

10 MINUTES

+ CUISSON 40 MIN

Faire chauffer doucement 30 ml (2 c. à soupe) d'huile d'olive dans une cocotte et y mettre à suer la moitié des oignons et le poireau.

Ajouter les têtes et les queues des poissons pour les raidir, puis ajouter les étrilles, coupées en gros morceaux.

Ajouter le bouquet garni et le concentré de tomates.

Mouiller d'eau à hauteur, porter à ébullition et laisser mijoter 30 minutes.

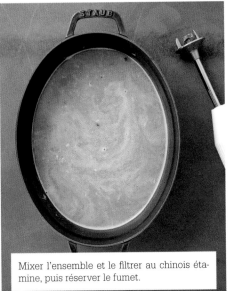

Mixer l'ensemble et le filtrer au chinois étamine, puis réserver le fumet.

🔲 PRÉCHAUFFER LE GRIL DU FOUR.

_____

_____

_____

_____

_____

_____

_____

4

LES CROÛTONS AILLÉS

10 MINUTES

+ CUISSON 10 MIN

Trancher la baguette en croûtons et les arroser d'un filet d'huile d'olive.

Faire griller les croûtons de chaque côté dans une sauteuse.

Couper la tête d'ail en deux dans l'épaisseur et en frotter les croûtons.

5

CUIRE LA BOUILLABAISSE

5 MINUTES

+ CUISSON 20 MIN

Peler et écraser 8 gousses d'ail. Les faire revenir à l'huile d'olive dans une cocotte avec le fenouil et le reste d'oignon.

Mouiller avec le fumet, puis ajouter les quartiers de tomate et assaisonner.

Ajouter alors les tronçons de poisson, porter à ébullition et laisser frémir 10 à 15 minutes.

6

LA ROUILLE

10 MINUTES

Mouiller la mie de pain avec du bouillon de cuisson. La presser, puis la piler avec le piment, le safran et 3 gousses d'ail hachées.

CONSEIL MasterChef

CETTE BASE APPORTE TOUT SON CARACTÈRE À LA ROUILLE ; CHACUN DOSERA LES ÉPICES EN FONCTION DE SON GOÛT...

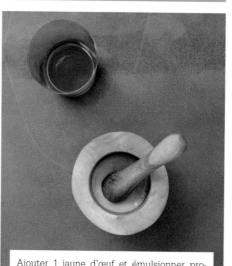

Ajouter 1 jaune d'œuf et émulsionner progressivement avec de l'huile d'olive versée en filet.

CONSEIL MasterChef

SI LA SAUCE VIRE, AJOUTER UN PEU D'EAU BIEN FROIDE ET LA REMONTER EN L'ÉMULSIONNANT.

LES ATELIERS DE  MasterChef

FRICASSÉE DE LAPIN
CHASSEUR, POMMES DAUPHINE

45 min	2 h	2 h 45	★★★	$$
PRÉPARATION	CUISSON	TOUT COMPRIS	NIVEAU	BUDGET

INGRÉDIENTS POUR 8 PERSONNES

CHAMPIGNONS DE PARIS ▸ 250 g (3 tasses)

BEURRE ▸ 30 g (2 c. à soupe) + 70 g (¹/₃ tasse) + 75 g (¹/₃ tasse)

ÉCHALOTES ▸ 300 g (2 tasses)

AIL ▸ 2 gousses

LAPIN (RÂBLE ET/OU CUISSES) ▸ 8 beaux morceaux

FARINE ▸ 120 g (1 tasse) + 150 g (1 ¹/₄ tasse)

VIN BLANC ▸ 200 ml (³/₄ tasse)

BOUILLON DE VOLAILLE ▸ 1,5 litre (6 tasses)

SEL FIN

POIVRE BLANC

BOUQUET GARNI ▸ 1

CRÈME ▸ 300 g (1 ¹/₄ tasse)

PERSIL HACHÉ ▸ 1 c. à soupe

EAU ▸ 250 ml (1 tasse)

ŒUFS ▸ 5

PURÉE DE POMMES DE TERRE ▸ 1 kg (2 lb)

NOIX DE MUSCADE

HUILE DE FRITURE

● **BOISSON** côtes-du-roussillon rouge // beaujolais village

CHANGEMENT D'ASSOCIATIONS

CHAMPIGNONS DES BOIS
▶ Utiliser des champignons des bois apportera plus de saveur au plat.

TOUCHE EXOTIQUE
▶ Ajouter du saté et des cacahuètes grillées à la fricassée.

JE MAÎTRISE MAINTENANT

☐ LA CUISSON EN FRICASSÉE

☐ LA PÂTE À POMMES DAUPHINE

☐ LA FRITURE

_____

_____ JE ME NOTE

_____

_____ ..... /20

ATTENTION AUX OS! Il faut découper le lapin avec un couteau lourd et tranchant pour éviter les esquilles d'os mal coupés.

LE LAPIN EST UNE VOLAILLE!
Utiliser cette recette pour toutes les fricassées de volaille à chair blanche (poulet, dinde, poule, jeune coq, poularde et chapon).

PAS DE BOUILLON DE VOLAILLE?
Le remplacer par 3 cubes de bouillon dilués dans de l'eau chaude ou par du bouillon de légumes (champignons, carottes et poireaux).

BOUCHERIE

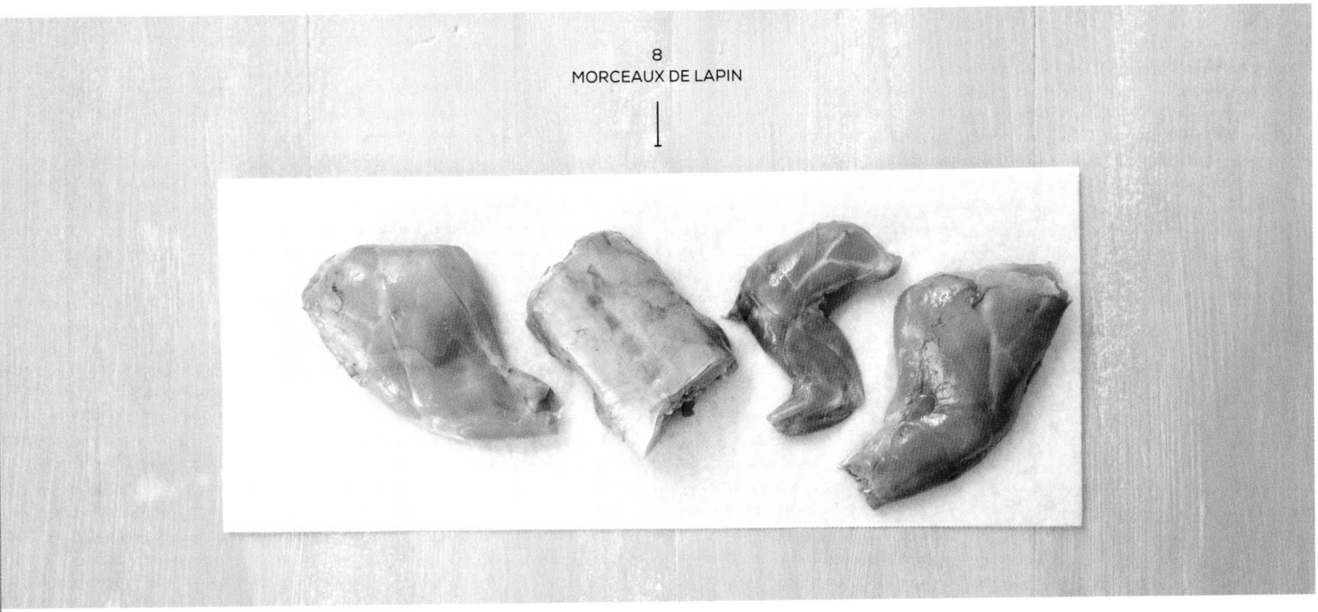
8
MORCEAUX DE LAPIN

fruits, légumes, herbes / CRÉMERIE

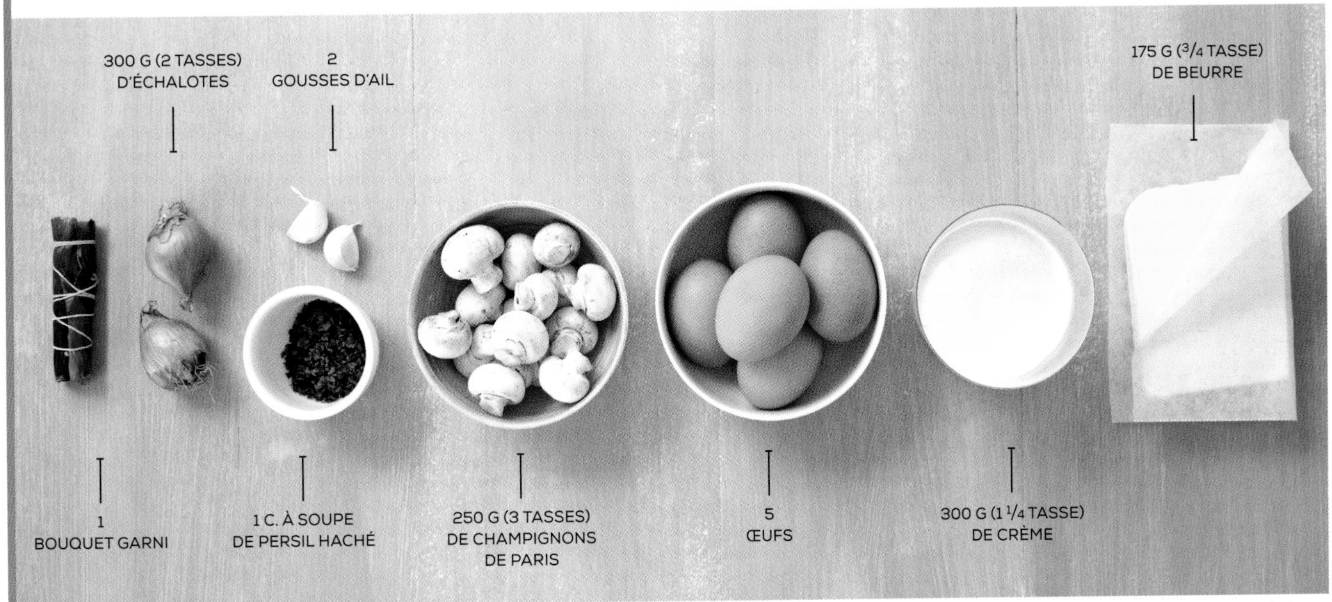
300 G (2 TASSES)
D'ÉCHALOTES
2
GOUSSES D'AIL
175 G (3/4 TASSE)
DE BEURRE
1
BOUQUET GARNI
1 C. À SOUPE
DE PERSIL HACHÉ
250 G (3 TASSES)
DE CHAMPIGNONS
DE PARIS
5
ŒUFS
300 G (1 1/4 TASSE)
DE CRÈME

ÉPICERIE

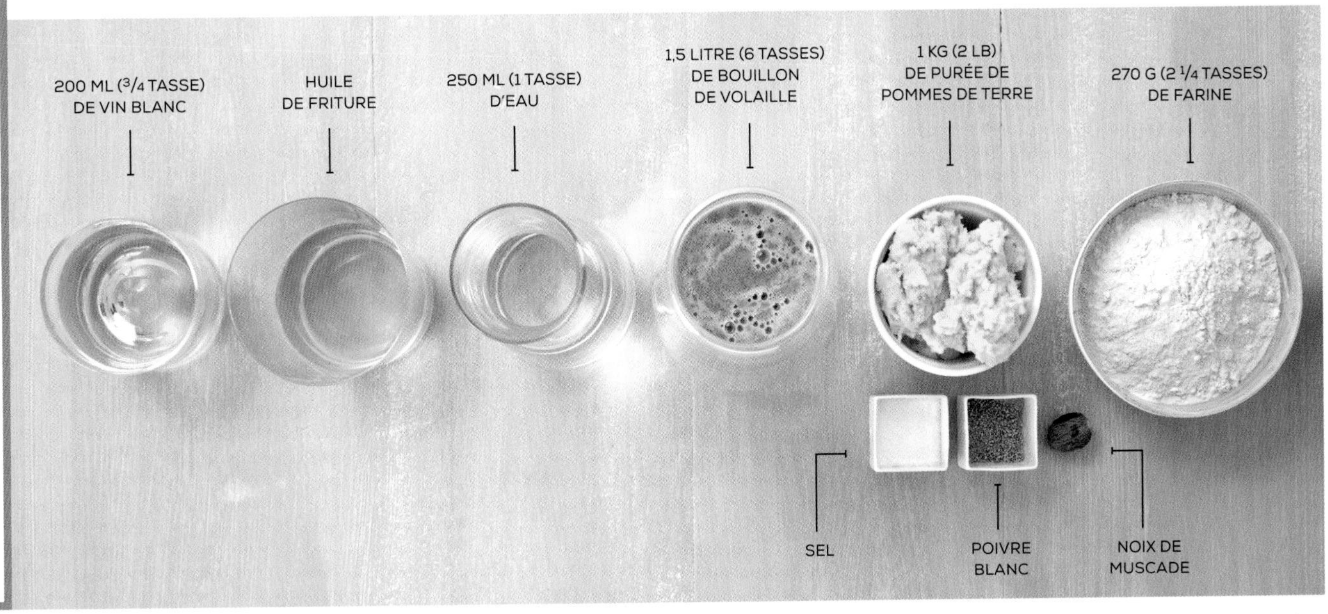
200 ML (3/4 TASSE)
DE VIN BLANC
HUILE
DE FRITURE
250 ML (1 TASSE)
D'EAU
1,5 LITRE (6 TASSES)
DE BOUILLON
DE VOLAILLE
1 KG (2 LB)
DE PURÉE DE
POMMES DE TERRE
270 G (2 1/4 TASSES)
DE FARINE
SEL
POIVRE
BLANC
NOIX DE
MUSCADE

1

LA FRICASSÉE

25 MINUTES

+ CUISSON 1 H 40

PRÉCHAUFFER LE FOUR
À 180 °C (350 °F).

J'AJUSTE CETTE TEMPÉRATURE EN
FONCTION DE MON FOUR : _____

_____

_____

_____

_____

_____

Rincer rapidement les champignons de
Paris. Les émincer, les faire sauter dans 30 g
(2 c. à soupe) de beurre et réserver.

Peler et ciseler les échalotes. Écraser les
gousses d'ail du plat de la lame d'un couteau.

Faire fondre 70 g (1/3 tasse) de beurre dans
une marmite. Y raidir les morceaux de lapin
de tous côtés, sans les laisser colorer.

Retirer le lapin et le réserver. Mettre les échalotes ciselées dans la cocotte et les faire suer
sur feu doux.

Ajouter 120 g (1 tasse) de farine, mélanger
et laisser cuire doucement 1 à 2 minutes en
remuant, puis ajouter les morceaux de lapin
réservés.

Déglacer au vin blanc et laisser réduire, puis
mouiller de bouillon de volaille à hauteur et
assaisonner.

Ajouter le bouquet garni et l'ail. Porter à
ébullition, puis couvrir, enfourner et laisser
cuire pendant environ 1 h 15.

Vérifier la cuisson du lapin : si la pointe d'un couteau pénètre facilement dans la chair d'une cuisse, le lapin est cuit.

Prélever les morceaux de lapin et les réserver au chaud.

Filtrer la sauce au chinois, sans fouler les éléments solides pour qu'elle reste limpide.

Verser la sauce dans une petite casserole et la porter à ébullition, puis vérifier la texture et ajouter la crème.

Remettre les morceaux de lapin dans la cocotte et ajouter les champignons. Au moment de servir, parsemer de persil haché.

2

L'APPAREIL À POMMES DAUPHINE

15 MINUTES

+ CUISSON 5 MIN

Peser et préparer tous les ingrédients de la pâte : 250 ml (1 tasse) d'eau, 5 g ($^3/_4$ c. à café) de sel, 75 g ($^1/_3$ tasse) de beurre, 150 g (1 $^1/_4$ tasse) de farine et 5 œufs.

Détailler le beurre en parcelles, les mettre dans une casserole avec l'eau et le sel, puis porter à ébullition.

Retirer du feu et ajouter toute la farine d'un coup dans le liquide bouillant.

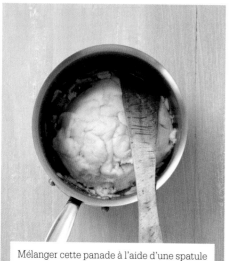

Mélanger cette panade à l'aide d'une spatule plate jusqu'à l'obtention d'une boule de pâte homogène.

Faire dessécher un peu la panade sur feu doux jusqu'à ce qu'elle soit lisse, puis la déposer dans le bol d'un robot.

Ajouter 4 œufs, l'un après l'autre, en veillant à ce que chaque œuf soit bien incorporé à la pâte avant d'ajouter le suivant.

Battre le dernier œuf dans un ramequin et en incorporer juste ce qu'il faut pour obtenir une pâte souple formant un bec.

Mélanger la pâte à choux et la purée de pommes de terre. Vérifier l'assaisonnement et le rectifier si nécessaire.

3

LES POMMES DAUPHINE

5 MINUTES

+ CUISSON 15 MIN

Préchauffer la friteuse à 160 °C (325 °F). Façonner des bouchons de pâte à la poche à douille directement au-dessus du bain de friture.

Procéder par petites quantités pour éviter de refroidir le bain de friture, et laisser les pommes gonfler pendant environ 5 minutes.

Sortir les pommes Dauphine en les égouttant, puis les éponger sur du papier absorbant. Saler juste avant de déguster.

PAUPIETTES DE VEAU
ET GRATIN DAUPHINOIS

1 h 5 PRÉPARATION + **2 h 20** CUISSON = **3 h 25** TOUT COMPRIS ★★★ NIVEAU $$$ BUDGET

INGRÉDIENTS POUR 8 PERSONNES

POMMES DE TERRE ▶ 2 kg (4 lb)

AIL ▶ 1 gousse + 6 gousses + 2 gousses

BEURRE ▶ 100 g (½ tasse) + 20 g (1 ½ c. à soupe)

LAIT ENTIER ▶ 600 ml (2 ½ tasses)

CRÈME 35 % ▶ 600 ml (2 ½ tasses)

SEL ▶ 10 g (½ c. à soupe)

POIVRE BLANC ▶ 1 g (½ c. à café)

NOIX DE MUSCADE

ÉCHALOTES ▶ 50 g (⅓ tasse)

PERSIL ▶ 5 brins

VIANDE DE VEAU ▶ 250 g (½ lb)

LARD GRAS FRAIS ▶ 250 g (½ lb)

ŒUF ▶ 1

COGNAC ▶ 20 ml (1 c. à soupe)

ESCALOPES DE VEAU ▶ 8

BARDE DE LARD ▶ 250 g (½ lb)

CAROTTES ▶ 150 g (1 ½ tasse)

OIGNONS ▶ 150 g (1 tasse)

HUILE ▶ 50 ml (¼ tasse)

VIN BLANC ▶ 100 ml (½ tasse)

JUS DE VEAU LIÉ ▶ 400 ml (1 ⅔ tasse)

BOUQUET GARNI ▶ 1

● **BOISSON** pomerol // graves rouge

UN PARFUM DE SOUS-BOIS? Ajouter des champignons en duxelles (voir p. 221) dans la farce.

AVEC DE LA TOMATE! Cuites dans une bonne sauce tomate, les paupiettes sont délicieuses.

**PAS
DE VEAU?**
Cette recette
peut être réalisée
avec de la volaille.

CHANGEMENT D'ASSOCIATIONS

TOUCHE ITALIENNE
▶ Pancetta et poivron vert dans la farce donnent un côté « Italie » très agréable.

NOTE SAVOYARDE
▶ Le gratin devient savoyard lorsqu'on lui ajoute du fromage.

AVEC CETTE RECETTE

JE MAÎTRISE MAINTENANT

☐ LES PAUPIETTES
☐ LE VRAI GRATIN DAUPHINOIS

JE ME NOTE

 ...... /20

8
ESCALOPES DE VEAU

250 G (½ LB)
DE BARDE DE LARD

250 G (½ LB)
DE LARD GRAS FRAIS

250 G (½ LB)
DE VIANDE DE VEAU

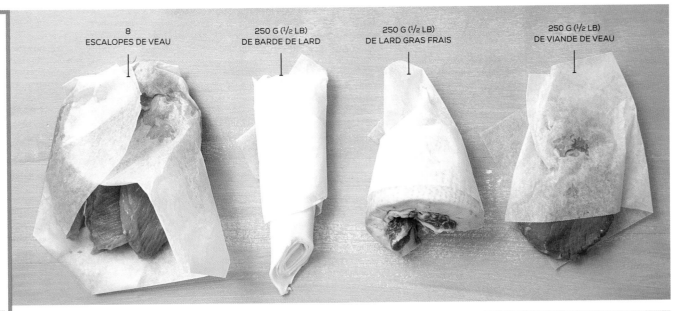

5
BRINS DE PERSIL

1
BOUQUET GARNI

2 KG (4 LB)
DE POMMES DE TERRE

150 G (1 TASSE)
D'OIGNONS

9
GOUSSES D'AIL

150 G (1 ½ TASSE)
DE CAROTTES

50 G (⅓ TASSE)
D'ÉCHALOTES

POIVRE

50 ML (¼ TASSE)
D'HUILE

20 ML (1 C. À SOUPE)
DE COGNAC

600 ML (2 ½ TASSES)
DE CRÈME 35 %

1
ŒUF

120 G (½ TASSE)
DE BEURRE

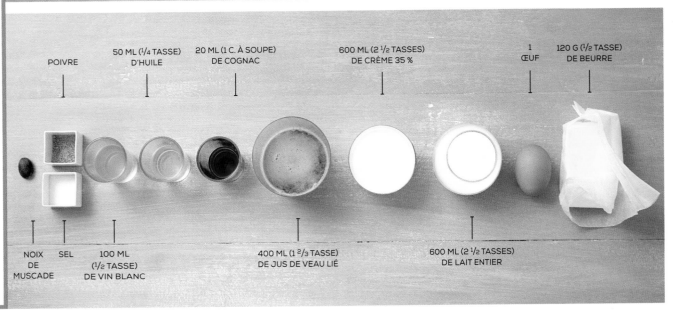

NOIX
DE
MUSCADE

SEL

100 ML
(½ TASSE)
DE VIN BLANC

400 ML (1 ⅔ TASSE)
DE JUS DE VEAU LIÉ

600 ML (2 ½ TASSES)
DE LAIT ENTIER

1

LE GRATIN DAUPHINOIS

20 MINUTES

+ CUISSON 1 H 30

PRÉCHAUFFER LE FOUR À 150 °C (300 °F).

J'AJUSTE CETTE TEMPÉRATURE EN FONCTION DE MON FOUR : _____

_____

_____

_____

_____

_____

Éplucher les pommes de terre. Peler 2 gousses d'ail, en couper une en deux et s'en servir pour frotter un plat à gratin.

Badigeonner généreusement le plat à gratin de beurre ramolli à l'aide d'un pinceau.

Hacher les gousses d'ail. Mélanger le lait et la crème. Assaisonner de sel, de poivre, de noix de muscade et d'ail haché.

Tailler les pommes de terre en lamelles de 2 à 3 mm (1/8 po) d'épaisseur.

Disposer une couche de pommes de terre dans le fond du plat et la recouvrir d'un peu du mélange de lait et de crème.

Procéder en plusieurs couches, jusqu'à épuisement des denrées. Le lait et la crème doivent juste recouvrir les pommes de terre.

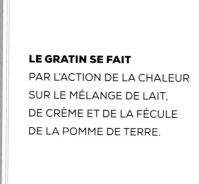

ⓜ CONSEIL MasterChef

LE GRATIN SE FAIT
PAR L'ACTION DE LA CHALEUR SUR LE MÉLANGE DE LAIT, DE CRÈME ET DE LA FÉCULE DE LA POMME DE TERRE.

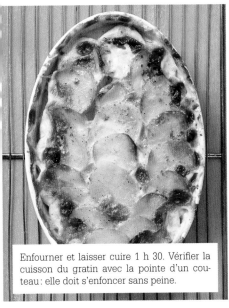

Enfourner et laisser cuire 1 h 30. Vérifier la cuisson du gratin avec la pointe d'un couteau : elle doit s'enfoncer sans peine.

2

LA FARCE

10 MINUTES

+ CUISSON 5 MIN

Peler et ciseler finement les échalotes et 1 gousse d'ail. Les faire suer dans 20 g (1 ½ c. à soupe) de beurre sur feu doux, puis réserver.

Hacher le persil, le veau et le lard. Mélanger et ajouter l'œuf battu, l'échalote, l'ail, le cognac, 10 g (½ c. à soupe) de sel et 1 g (½ c. à café) de poivre.

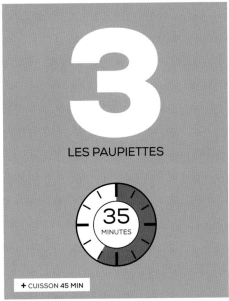

3

LES PAUPIETTES

35 MINUTES

+ CUISSON 45 MIN

Disposer une escalope de veau entre deux feuilles de pellicule plastique et la battre. Aplatir les autres escalopes de la même façon.

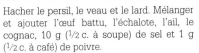

ⓜ CONSEIL MasterChef

BATTRE LES ESCALOPES

A POUR BUT D'APLATIR LES ZONES ÉPAISSES AFIN DE DONNER AUX TRANCHES DE VEAU LA MÊME ÉPAISSEUR PARTOUT, CE QUI PERMET DE LEUR ASSURER UNE CUISSON RÉGULIÈRE.

Tailler la barde en bandelettes d'environ 2 cm (¾ po) de largeur.

Assaisonner les escalopes et répartir la farce dessus.

Replier les escalopes en forme de bouchon, puis entourer les paupiettes obtenues de deux bardes de lard et les ficeler fermement.

PRÉCHAUFFER LE FOUR À 180 °C (350 °F).

J'AJUSTE CETTE TEMPÉRATURE EN FONCTION DE MON FOUR : _____

_____

_____

_____

_____

_____

Laver, éplucher et tailler finement les carottes et les oignons pour la garniture aromatique.

Faire rissoler les paupiettes des deux côtés avec 50 ml (¼ tasse) d'huile dans une sauteuse.

Dégraisser la cocotte et y faire suer la garniture aromatique. Déglacer au vin blanc, puis laisser réduire de moitié.

Mouiller à mi-hauteur de jus de veau lié. Ajouter le bouquet garni et 6 gousses d'ail écrasées, puis porter à ébullition.

Couvrir et enfourner pour 45 minutes. Arroser souvent et retourner à mi-cuisson. Décanter les paupiettes et réserver au four.

Filtrer la sauce au chinois sans fouler, puis la faire réduire jusqu'à ce que sa consistance soit légèrement sirupeuse.

Napper les paupiettes de sauce, en renouvelant l'opération plusieurs fois de façon à les enrober uniformément.

CANARD
À L'ORANGE, RAGOÛT DE LÉGUMES D'HIVER

1 h 10	+	2 h 25	=	3 h 35	★★★	$$
PRÉPARATION		CUISSON		TOUT COMPRIS	NIVEAU	BUDGET

INGRÉDIENTS POUR 8 PERSONNES

CANARDS ▸ 2 d'environ 2 kg (4 lb) chacun

SEL

POIVRE

CAROTTES ▸ 150 g (1 ½ tasse) + 600 g (6 tasses)

OIGNONS ▸ 150 g (1 tasse)

AIL ▸ 4 gousses + 8 gousses

BEURRE ▸ 30 g (2 c. à soupe)

HUILE ▸ 50 ml (¼ tasse)

BOUQUETS GARNIS ▸ 1 + 1

ORANGES ▸ 8

SUCRE ▸ 50 g (¼ tasse)

VINAIGRE DE VIN ▸ 50 ml (¼ tasse)

LIQUEUR À BASE D'ORANGE ▸ 80 ml (⅓ tasse)

JUS DE VEAU LIÉ ▸ 1 litre (4 tasses)

NAVETS ▸ 600 g (5 tasses)

PANAIS ▸ 600 g (5 tasses)

OIGNONS SAUCIERS ▸ 250 g (2 tasses)

CÉLERI-RAVE ▸ 600 g (4 tasses)

GRAISSE DE CANARD ▸ 50 g (¼ tasse)

BOUILLON DE VOLAILLE ▸ 500 ml (2 tasses)

● **BOISSON** côtes-de-beaune // côtes-de-nuits

CHANGEMENT D'ASSOCIATIONS

TOUCHE D'ORIENT
▸ Ajouter du citron confit apportera une note orientale à cette recette.

AUTRE GARNITURE
▸ Servir le canard avec des pommes gaufrettes croustillantes (voir p. 221).

JE SAIS MAINTENANT

☐ CONFECTIONNER UNE SAUCE AUX FRUITS

☐ POÊLER UNE VIANDE

JE ME NOTE

...... /20

BIGARADES ! Les bigarades sont des petites oranges amères très goûteuses, idéales pour cette recette.

AVEC DES ZESTES... Râper un peu de zeste de citron vert au-dessus des légumes leur apportera une très agréable touche de fraîcheur.

PAS D'OIGNONS SAUCIERS ?
Prendre des petits oignons blancs surgelés, les décongeler et ôter la première peau.

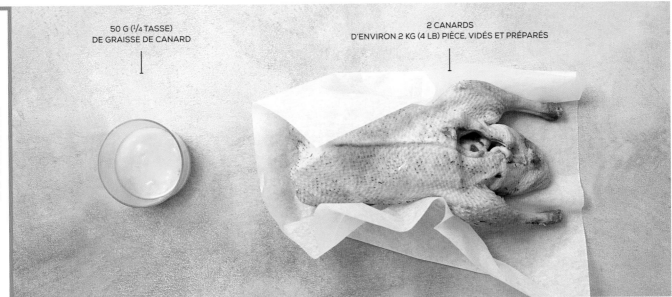

50 G (¼ TASSE)
DE GRAISSE DE CANARD

2 CANARDS
D'ENVIRON 2 KG (4 LB) PIÈCE, VIDÉS ET PRÉPARÉS

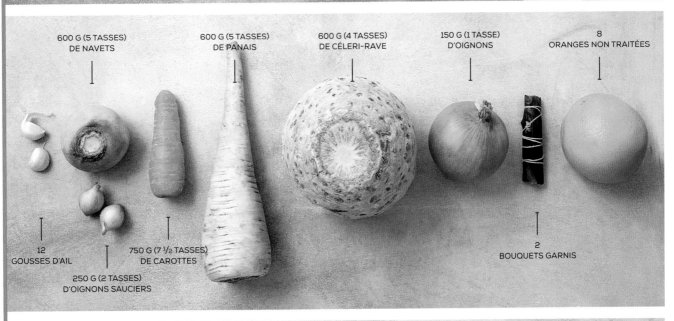

600 G (5 TASSES)
DE NAVETS

600 G (5 TASSES)
DE PANAIS

600 G (4 TASSES)
DE CÉLERI-RAVE

150 G (1 TASSE)
D'OIGNONS

8
ORANGES NON TRAITÉES

12
GOUSSES D'AIL

750 G (7 ½ TASSES)
DE CAROTTES

250 G (2 TASSES)
D'OIGNONS SAUCIERS

2
BOUQUETS GARNIS

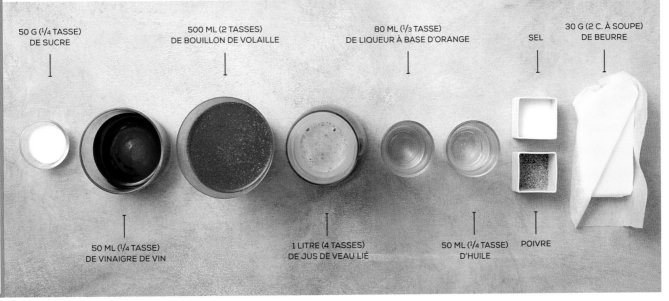

50 G (¼ TASSE)
DE SUCRE

500 ML (2 TASSES)
DE BOUILLON DE VOLAILLE

80 ML (⅓ TASSE)
DE LIQUEUR À BASE D'ORANGE

SEL

30 G (2 C. À SOUPE)
DE BEURRE

50 ML (¼ TASSE)
DE VINAIGRE DE VIN

1 LITRE (4 TASSES)
DE JUS DE VEAU LIÉ

50 ML (¼ TASSE)
D'HUILE

POIVRE

1

POÊLER LES CANARDS

20 MINUTES

+ CUISSON 1 H 10

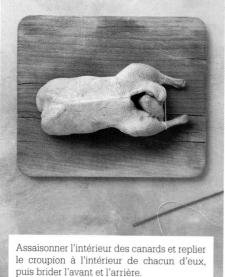

Assaisonner l'intérieur des canards et replier le croupion à l'intérieur de chacun d'eux, puis brider l'avant et l'arrière.

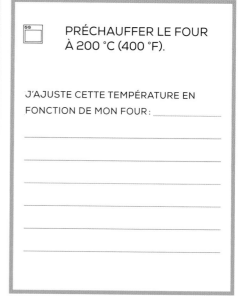

PRÉCHAUFFER LE FOUR À 200 °C (400 °F).

J'AJUSTE CETTE TEMPÉRATURE EN FONCTION DE MON FOUR : _____

_____

_____

_____

_____

_____

Laver, éplucher et tailler en cubes 150 g (1 ½ tasse) de carottes et 150 g (1 tasse) d'oignons. Écraser 4 gousses d'ail.

Assaisonner les canards sur toute leur surface. Faire chauffer sur feu doux l'huile et le beurre dans une cocotte de taille appropriée.

Mettre les canards dans la cocotte et les faire colorer progressivement en les retournant sur toutes leurs faces.

Ajouter la garniture aromatique et poser les canards dessus, sur le dos. Couvrir, enfourner et faire cuire 1 heure. Arroser souvent.

Retirer le couvercle 10 minutes avant la fin de la cuisson pour parfaire la coloration.

Sortir les canards de la cocotte et les réserver dans un plat au chaud.

2

LA GASTRIQUE

15 MINUTES

+ CUISSON 10 MIN

Laver les oranges. Prélever le zeste de 2 oranges, le tailler en julienne et le blanchir trois fois, avec un départ à l'eau froide.

Peler à vif toutes les oranges et prélever les segments. Presser les membranes pour récupérer du jus. Conserver au frais.

Cuire le sucre jusqu'à obtenir un caramel très brun. Décuire au vinaigre, puis ajouter la liqueur à l'orange pour terminer la gastrique.

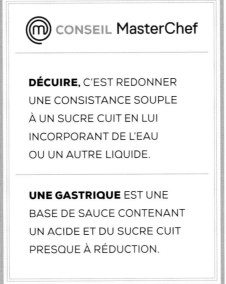

CONSEIL MasterChef

DÉCUIRE, C'EST REDONNER UNE CONSISTANCE SOUPLE À UN SUCRE CUIT EN LUI INCORPORANT DE L'EAU OU UN AUTRE LIQUIDE.

UNE GASTRIQUE EST UNE BASE DE SAUCE CONTENANT UN ACIDE ET DU SUCRE CUIT PRESQUE À RÉDUCTION.

3

LE FOND DE POÊLAGE ET LA SAUCE

5 MINUTES

+ CUISSON 20 MIN

Porter la cocotte sur feu vif pour pincer les sucs de cuisson. Déglacer au jus d'orange en grattant, puis laisser réduire de moitié.

Mouiller avec le jus de veau et laisser mijoter quelques minutes. Filtrer le fond de poêlage au chinois sans fouler, et dégraisser.

Terminer en ajoutant peu à peu de la gastrique, jusqu'à obtenir une sauce équilibrée : ni trop acide, ni trop sucrée, ni trop salée.

Prélever 200 ml (³/4 tasse) de fond de poêlage, ajouter les zestes d'orange blanchis et réserver. Le reste servira à glacer les canards.

4

GLACER ET DRESSER LES CANARDS

10 MINUTES

+ CUISSON 15 MIN

Débrider les canards et les poser sur une grille, à l'entrée du four très chaud. Les napper de fond de poêlage et laisser croûter.

Renouveler l'opération jusqu'à ce que les canards soient entièrement et uniformément recouverts d'une épaisse couche de sauce.

Disposer les canards dans le plat de service et les décorer de segments d'orange chauds.

5

LE RAGOÛT DE LÉGUMES D'HIVER

20 MINUTES

+ CUISSON 30 MIN

Laver, éplucher et tailler ou tourner tous les légumes : carottes, navets, panais, oignons sauciers et céleri-rave.

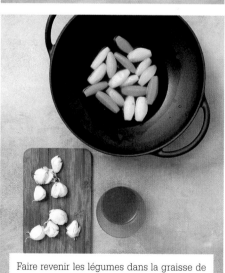

Faire revenir les légumes dans la graisse de canard, puis mouiller avec le bouillon et ajouter l'ail écrasé et un bouquet garni.

Faire mijoter à feu doux. Quand les légumes sont tendres, saler, ajouter du fond de poêlage et prolonger un peu la cuisson.

LES ATELIERS DE 🅜 MasterChef

CANARD À L'ORANGE,
RAGOÛT DE LÉGUMES D'HIVER

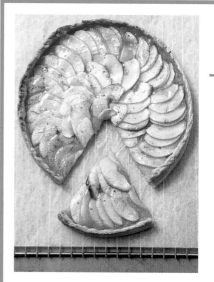

TARTE AUX POMMES
SUR COMPOTE

 55 min
PRÉPARATION

\+

 1 h
CUISSON

\+

 3 h 50
ATTENTE

\=

 5 h 45
TOUT COMPRIS

 ★
NIVEAU

 $
BUDGET

INGRÉDIENTS POUR 8 PERSONNES

BEURRE ▶ 150 g (²/₃ tasse) + 50 g (¹/₄ tasse) + 20 g (1 ¹/₂ c. à soupe)

ŒUF ▶ 1

SUCRE GRANULÉ ▶ 100 g (¹/₂ tasse) + 100 g (¹/₂ tasse) + 25 g (2 c. à soupe)

SEL ▶ 5 g (³/₄ c. à café)

VANILLE ▶ ½ gousse

FARINE ▶ 250 g (2 tasses) + 25 g (¹/₄ tasse)

POMMES GOLDEN ▶ 1 kg (2 lb)

CITRON ▶ 1

CANNELLE EN POUDRE ▶ 1 pincée

NAPPAGE BLOND (OU GELÉE D'ABRICOT) ▶ 200 g (²/₃ tasse)

EAU ▶ 40 g (¹/₄ tasse)

● **BOISSON** cidre // jurançon moelleux

CHANGEMENT D'ASSOCIATIONS

PLUS AUTOMNAL
▶ Ajouter des noix dans la tarte apporte un croquant très agréable.

AUTRE FOND
▶ La pâte brisée convient très bien aussi pour la tarte aux pommes.

---

1 H AVANT
1
SORTIR 150 G (²/₃ TASSE) DE BEURRE DU FROID pour l'amener à température ambiante.

PAS DE GOLDEN?
Utiliser une variété de pommes à cuire, comme la reinette, idéale pour les tartes.

AVEC CETTE RECETTE

JE MAÎTRISE MAINTENANT

☐ LA PÂTE SUCRÉE
☐ LA COMPOTE
☐ LE MONTAGE ET LA CUISSON D'UNE TARTE

_____
_____ JE ME NOTE
_____
_____
_____ ...... /20

COMPOTE ÉPICÉE
Le poivre noir, la cannelle, la vanille et la badiane (anis étoilé) se marient très bien avec la compote de pommes.

D'AUTRES FRUITS... La même tarte avec des poires est aussi facile à réaliser.

RUSTIQUE
Remplacer les tranches bien rangées par des petits morceaux répartis sur toute la surface.

FRUITS, LÉGUMES, HERBES

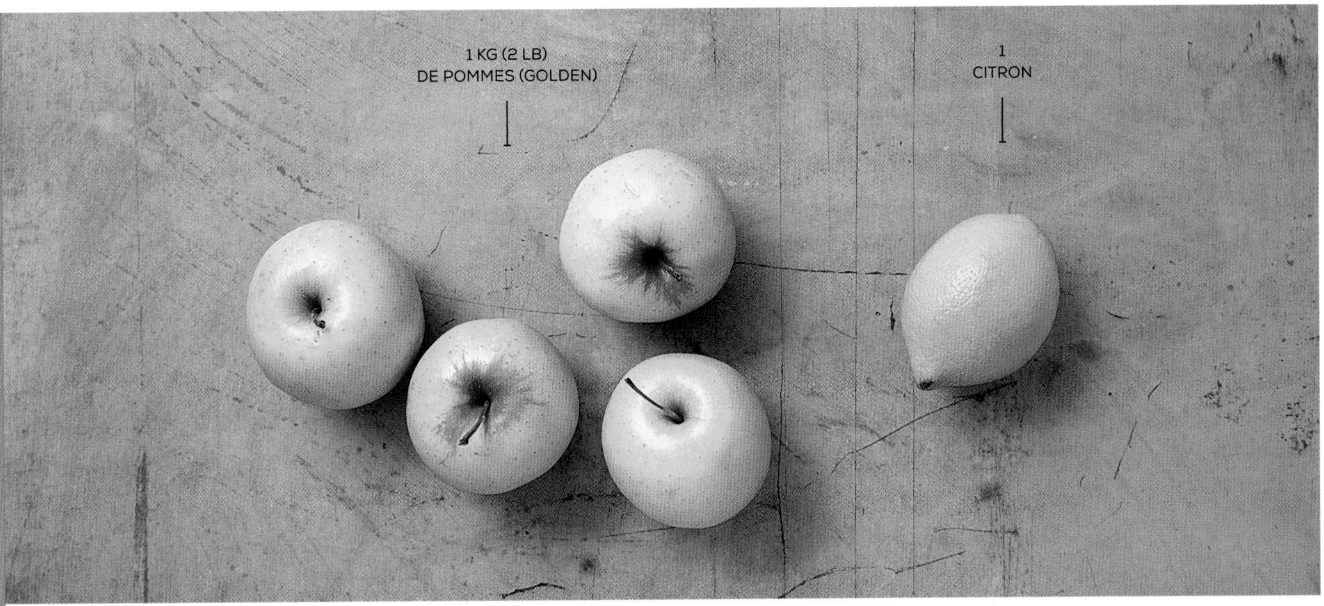
1 KG (2 LB)
DE POMMES (GOLDEN)
1
CITRON

CRÉMERIE

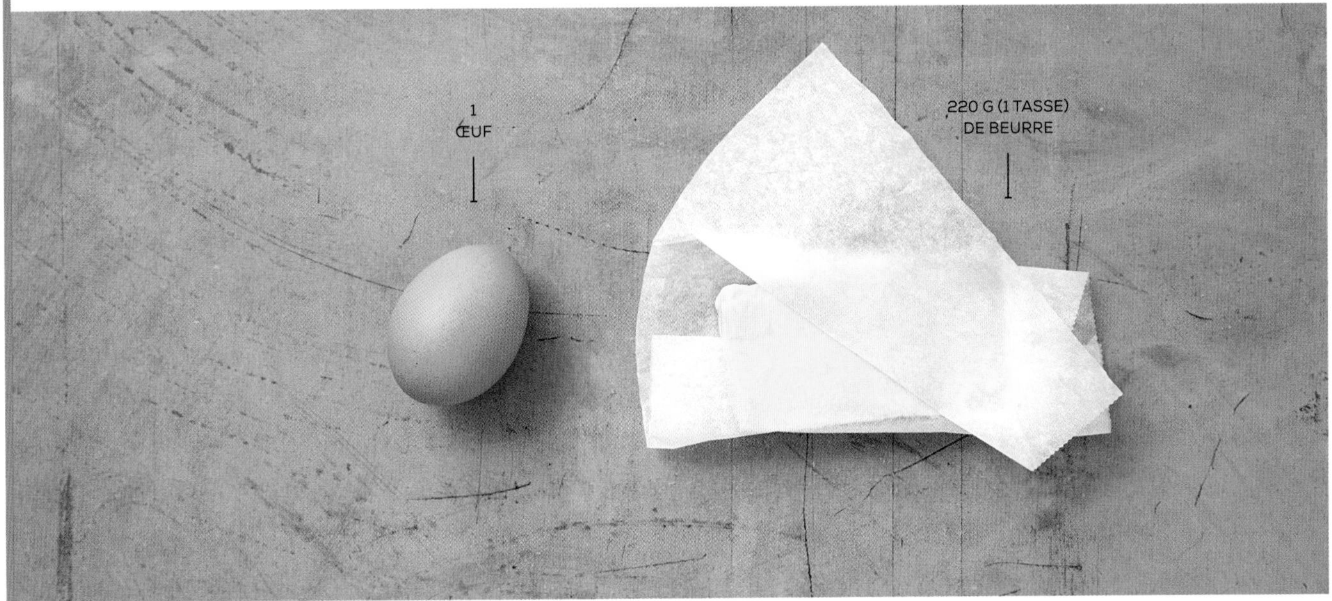
1
ŒUF
220 G (1 TASSE)
DE BEURRE

ÉPICERIE

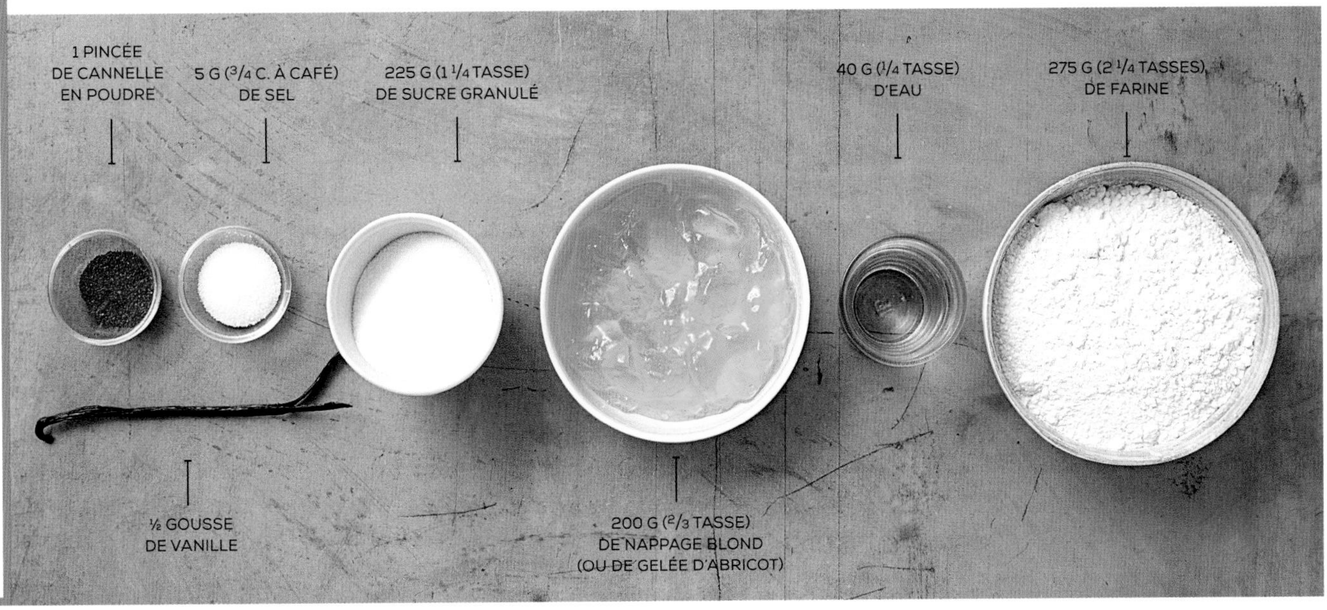
1 PINCÉE
DE CANNELLE
EN POUDRE
5 G (3/4 C. À CAFÉ)
DE SEL
225 G (1 1/4 TASSE)
DE SUCRE GRANULÉ
40 G (1/4 TASSE)
D'EAU
275 G (2 1/4 TASSES)
DE FARINE
½ GOUSSE
DE VANILLE
200 G (2/3 TASSE)
DE NAPPAGE BLOND
(OU DE GELÉE D'ABRICOT)

1

LA PÂTE SUCRÉE

10 MINUTES

+ ATTENTE 3 H

Travailler 150 g (²/₃ tasse) de beurre à température ambiante à l'aide d'une petite spatule jusqu'à ce qu'il ait la consistance d'une pommade.

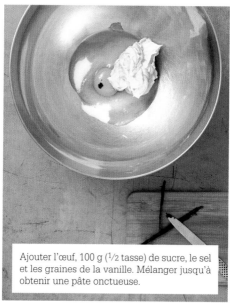

Ajouter l'œuf, 100 g (½ tasse) de sucre, le sel et les graines de la vanille. Mélanger jusqu'à obtenir une pâte onctueuse.

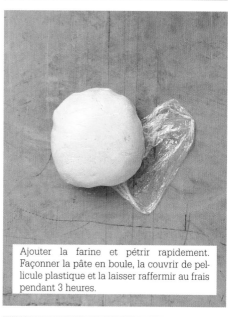

Ajouter la farine et pétrir rapidement. Façonner la pâte en boule, la couvrir de pellicule plastique et la laisser raffermir au frais pendant 3 heures.

2

LA COMPOTE DE POMMES

10 MINUTES

+ CUISSON 30 MIN **+ ATTENTE 15 MIN**

Presser le citron.

Laver les pommes, les éplucher, les citronner légèrement et les tailler en gros morceaux, puis les mettre dans une casserole.

Ajouter 50 g (¼ tasse) de beurre, 100 g (½ tasse) de sucre, un peu d'eau et la cannelle. Couvrir et laisser cuire 30 minutes à feu doux.

Vérifier la consistance de la compote et la laisser refroidir complètement.

3

FONCER UN CERCLE À PÂTISSERIE

10 MINUTES

+ ATTENTE 5 MIN

À l'aide d'un pinceau, beurrer grassement un cercle à tarte.

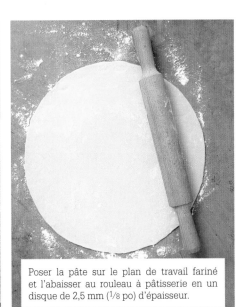

Poser la pâte sur le plan de travail fariné et l'abaisser au rouleau à pâtisserie en un disque de 2,5 mm (¹/₈ po) d'épaisseur.

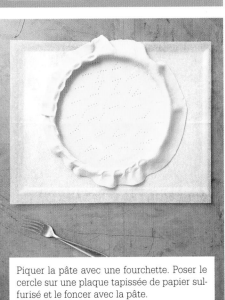

Piquer la pâte avec une fourchette. Poser le cercle sur une plaque tapissée de papier sulfurisé et le foncer avec la pâte.

Couper l'excédent de pâte à l'aide du rouleau, puis façonner un petit bourrelet intérieur sur tout le pourtour.

Décorer le bourrelet de pâte à l'aide d'une pince à chiqueter ou du dos d'un couteau.

Laisser reposer quelques minutes au frais.

4

ASSEMBLER LA TARTE AUX POMMES

15 MINUTES

Laver les pommes, les peler, les évider et les citronner.

Les couper en deux, puis les détailler en fines tranches d'environ 2 mm (1/8 po) d'épaisseur.

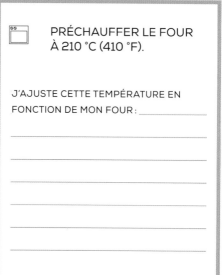

Garnir le fond de pâte de compote de pommes jusqu'aux deux tiers de la hauteur.

Ranger les lamelles de pomme en rosace sur la compote, du bord vers l'intérieur, en les faisant se chevaucher régulièrement.

5

LA TARTE

10 MINUTES

+ CUISSON 30 MIN   + ATTENTE 30 MIN

PRÉCHAUFFER LE FOUR À 210 °C (410 °F).

J'AJUSTE CETTE TEMPÉRATURE EN FONCTION DE MON FOUR : _____

_____

_____

_____

_____

_____

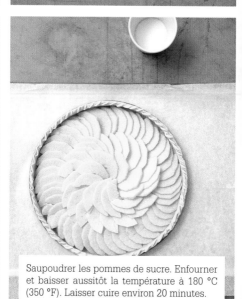

Saupoudrer les pommes de sucre. Enfourner et baisser aussitôt la température à 180 °C (350 °F). Laisser cuire environ 20 minutes.

Retirer le cercle et cuire encore 10 minutes. Vérifier la cuisson du fond, puis laisser la tarte refroidir sur une grille.

Faire chauffer doucement le nappage blond détendu avec l'eau et remuer pour le lisser.

Badigeonner délicatement de ce mélange toute la surface de la tarte à l'aide d'un pinceau.

TARTE AUX POMMES
SUR COMPOTE

RIZ AU LAIT

 20 min PRÉPARATION + **35 min** CUISSON + **1 h** ATTENTE =  **1 h 55** TOUT COMPRIS ★ NIVEAU Ⓢ BUDGET

INGRÉDIENTS POUR 8 PERSONNES

RIZ ROND ▸ 175 g (1 tasse)

LAIT ▸ 1 litre (4 tasses)

SUCRE ▸ 100 g (½ tasse) + 50 g (¼ tasse)

VANILLE ▸ 1 gousse

JAUNES D'ŒUFS ▸ 4

BEURRE ▸ 25 g (2 c. à soupe)

● **BOISSON** jurançon // loupiac

CHANGEMENT D'ASSOCIATIONS

PLUS ACIDULÉ

▸ Remplacer la moitié du lait par du jus de fruit de la Passion donne une petite acidité très agréable et une belle couleur au riz.

PLUS SUCRÉ

▸ Cuire le sucre jusqu'à l'amener à l'état de caramel, pour un délicieux riz au lait caramélisé.

 1 H AVANT ➤ PRÉVOIR 1 H DE REFROIDISSEMENT avant de déguster le riz au lait.

PAS DE GOUSSE DE VANILLE ?

La remplacer par de la vanille liquide ou remplacer une partie du sucre par du sucre vanillé.

PLUS ONCTUEUX

Ajouter à la fin 100 g (¾ tasse) de crème fouettée, délicatement, pour ne pas la faire retomber.

EN TRANCHES

Ajouter un peu de gélatine dans le riz pour le solidifier, et pouvoir ensuite le trancher.

PAS DE PRODUITS LAITIERS ?

Utiliser du lait de soja ou du lait d'amande pour cuire le riz.

 AVEC CETTE RECETTE

JE MAÎTRISE MAINTENANT

☐ LA CUISSON DU RIZ AU LAIT
☐ LA LIAISON DU RIZ

JE ME NOTE

 ...... /20

UNE QUESTION D'ÉQUILIBRE

Servir le riz avec un coulis de framboises, dont l'acidité contrebalancera parfaitement le côté onctueux et rond de ce dessert.

CRÉMERIE

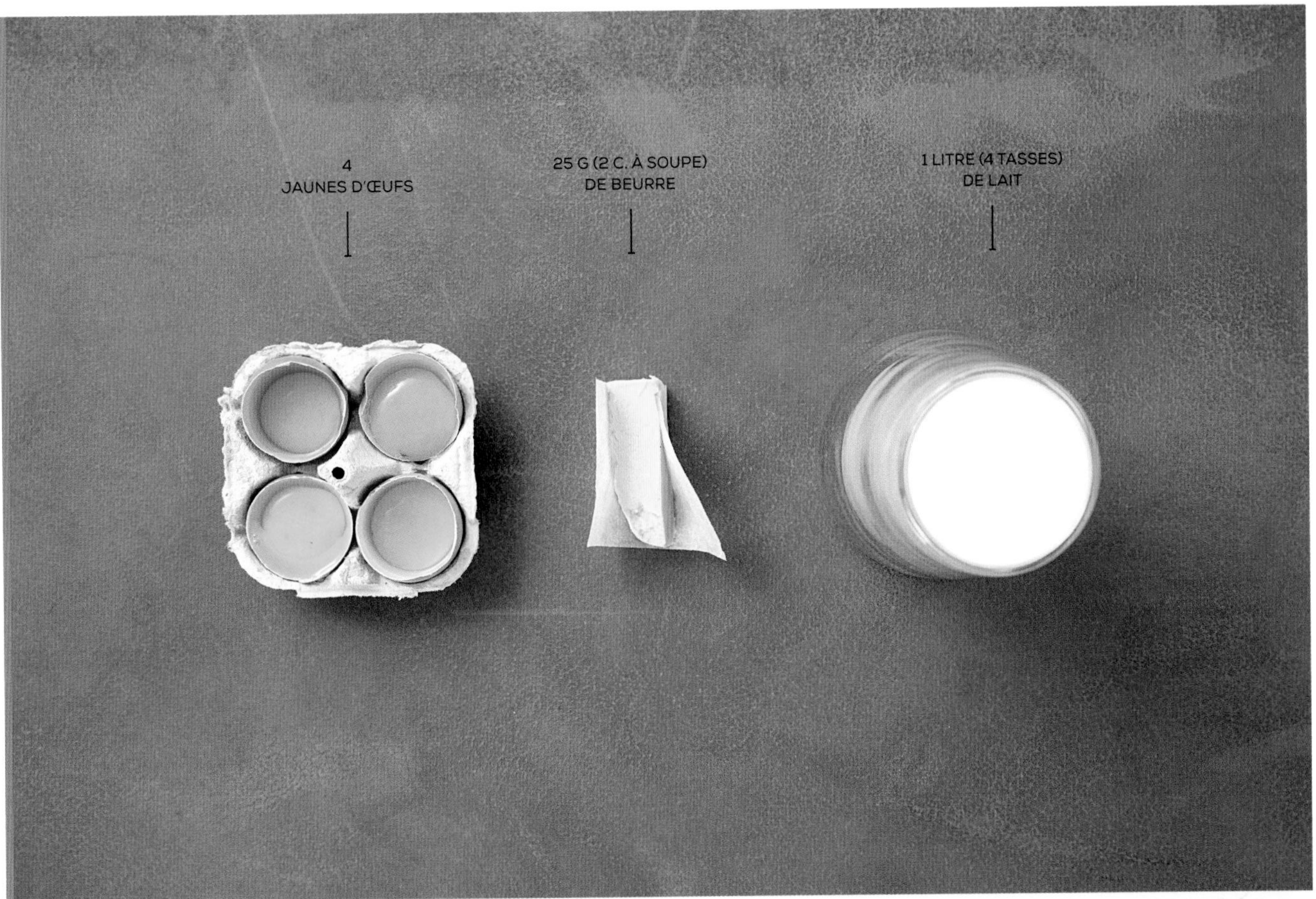
4
JAUNES D'ŒUFS
25 G (2 C. À SOUPE)
DE BEURRE
1 LITRE (4 TASSES)
DE LAIT

ÉPICERIE

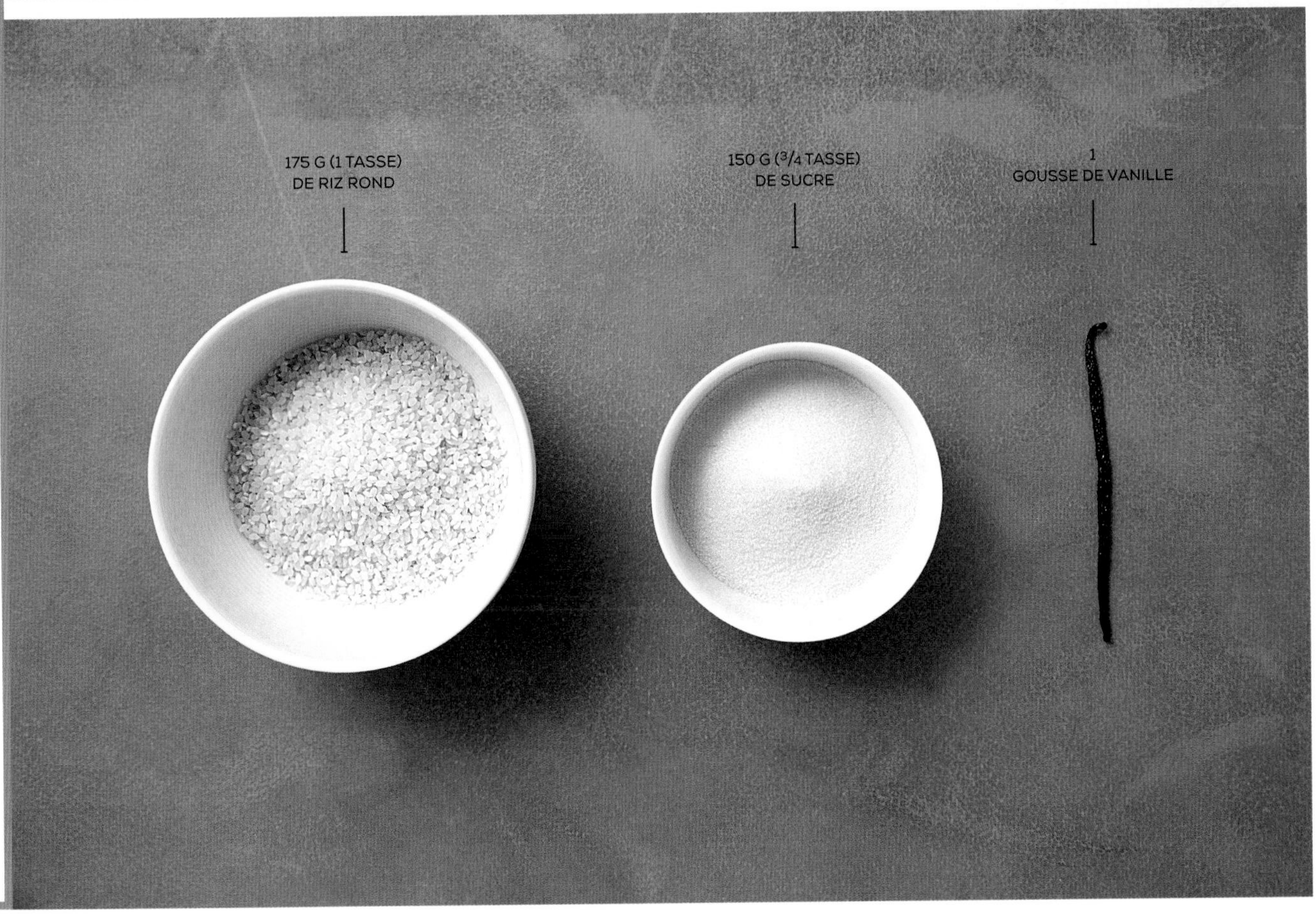
175 G (1 TASSE)
DE RIZ ROND
150 G (3/4 TASSE)
DE SUCRE
1
GOUSSE DE VANILLE

1

CREVER LE RIZ

5 MINUTES

+ CUISSON 3 MIN

Choisir un récipient pouvant aller sur le feu et au four.

LE RÉCIPIENT DE CUISSON DOIT ÊTRE ASSEZ GRAND POUR QUE L'ÉPAISSEUR DE RIZ NE DÉPASSE PAS 3 CM (1 PO), AFIN DE FACILITER LA CUISSON.

Laver soigneusement le riz à l'eau froide.

LE RIZ ROND EST ADAPTÉ À CETTE RECETTE CAR IL EST TRÈS RICHE EN AMIDON, QUI VA ASSURER LA TEXTURE ONCTUEUSE DE CE DESSERT.

Le transférer dans le récipient de cuisson choisi, le couvrir d'eau froide et porter à ébullition.

Maintenir l'ébullition pendant 1 minute afin de crever les grains de riz.

CREVER LE RIZ PERMET DE FENDRE LA CARAPACE D'AMIDON SEC AUTOUR DES GRAINS POUR FAVORISER LEUR CUISSON.

Égoutter le riz à l'aide d'une passoire pour éliminer l'eau restante.

2

CUIRE LE RIZ AU LAIT

5 MINUTES

+ CUISSON 30 MIN

PRÉCHAUFFER LE FOUR À 160 °C (325 °F).

J'AJUSTE CETTE TEMPÉRATURE EN FONCTION DE MON FOUR : _____

_____

_____

_____

_____

_____

Verser le lait dans le récipient de cuisson, ajouter 100 g (1/2 tasse) de sucre et porter à ébullition.

Fendre la gousse de vanille en deux dans la longueur et gratter l'intérieur avec le dos d'un couteau pour récupérer les graines.

Ajouter le riz et les graines de vanille dans le lait. Mélanger sans arrêt, avec délicatesse, jusqu'à la reprise de l'ébullition.

---

m CONSEIL MasterChef

IL FAUT ÉVITER DE MÉLANGER TROP VIGOUREUSEMENT POUR NE PAS CASSER LES GRAINS DE RIZ, CAR CELA LIBÉRERAIT TROP D'AMIDON ET DONNERAIT UN DESSERT PÂTEUX.

---

m CONSEIL MasterChef

COUVRIR LE RÉCIPIENT DE FAÇON ASSEZ ÉTANCHE (AVEC UN COUVERCLE OU DU PAPIER D'ALUMINIUM) PERMET DE CONSERVER LA BONNE QUANTITÉ DE LIQUIDE, POUR OBTENIR UN RIZ PARFAITEMENT CUIT ET PAS TROP PÂTEUX.

Couvrir le récipient, enfourner et laisser cuire pendant 20 à 30 minutes.

Contrôler la texture du riz avant de le sortir du four : il doit être cuit, souple et légèrement épais, avec un peu de lait restant.

3

LIER LE RIZ

10 MINUTES

+ CUISSON 2 MIN   + ATTENTE 1 H

Juste avant la fin de la cuisson du riz, verser 50 g (¼ tasse) de sucre dans un saladier et ajouter les jaunes d'œufs.

Fouetter les jaunes et le sucre jusqu'à ce que le mélange blanchisse et devienne mousseux.

CONSEIL MasterChef

PRÉVOIR UN RÉCIPIENT ASSEZ GRAND POUR BATTRE LES JAUNES AVEC LE SUCRE, CAR LE MÉLANGE VA AUGMENTER DE VOLUME.

BLANCHIR LES JAUNES D'ŒUFS AVEC LE SUCRE PERMET DE DISSOUDRE CE DERNIER ET DE RENDRE LE MÉLANGE PLUS LÉGER.

Ajouter le beurre dans le riz moelleux dès la sortie du four, et mélanger délicatement à l'aide d'une spatule.

CONSEIL MasterChef

L'AJOUT DE BEURRE PERMET DE STOPPER LA CUISSON ET D'EMPÊCHER LE RIZ DE S'AMALGAMER EN PÂTE.

Incorporer la liaison œuf-sucre, puis porter sur feu doux et laisser cuire 2 minutes tout en remuant délicatement.

CONSEIL MasterChef

CETTE DERNIÈRE CUISSON PERMET AUX JAUNES DE CUIRE ET À LA LIAISON D'ÉPAISSIR, À LA FAÇON D'UNE CRÈME ANGLAISE.

Dresser dans le plat de service et laisser refroidir 1 heure avant de déguster.

MINIBABAS
CHANTILLY

 1 h PRÉPARATION

+

 30 min CUISSON

+

 1 h 30 ATTENTE

=

 3 h TOUT COMPRIS

★ NIVEAU

 $ BUDGET

INGRÉDIENTS POUR 8 PERSONNES

LEVURE DE BIÈRE ▸ 15 g (1 c. à soupe)

EAU ▸ 50 ml (¼ tasse) + 1 litre (4 tasses)

ŒUFS ▸ 3

SEL FIN ▸ 5 g (¾ c. à café)

SUCRE GRANULÉ ▸ 15 g (1 c. à soupe) + 500 g (2 ½ tasses) + 50 g (¼ tasse)

FARINE ▸ 250 g (2 tasses)

BEURRE EN POMMADE ▸ 100 g (½ tasse) + 50 g (¼ tasse)

ORANGE NON TRAITÉE (OU AUTRE AGRUME) ▸ 1

VANILLE ▸ 1 gousse + 1 gousse

RHUM ▸ 150 ml (⅔ tasse)

NAPPAGE BLOND ▸ 250 g (1 tasse)

CRÈME BIEN FROIDE ▸ 500 ml (2 tasses)

● **BOISSON** monbazillac / sainte-croix-du-mont

CHANGEMENT D'ASSOCIATIONS

À LA PÂTISSIÈRE
▶ Remplacer la chantilly par une crème pâtissière bien vanillée (voir p. 222).

ESTIVAL
▶ Ajouter des fruits frais taillés en morceaux pour faire de ces babas un dessert estival.

AVEC CETTE RECETTE

JE MAÎTRISE MAINTENANT

☐ LA PÂTE À SAVARIN
☐ LE SIROP POUR TREMPER
☐ LA CRÈME CHANTILLY

 1 H AVANT

①

METTRE AU CONGÉLATEUR LES FOUETS DU BATTEUR ET LE BOL dans lequel la crème sera montée en chantilly.

PAS DE NAPPAGE BLOND ?
Utiliser de la gelée d'abricot légèrement diluée dans un peu d'eau.

_____

_____

JE ME NOTE

_____

_____

······ /20

AUX AGRUMES Remplacer le rhum par du limoncello et ajouter des zestes d'orange confits dans la pâte.

BABA D'ORIGINE Dans la recette originale du baba, la pâte comprend des raisins secs macérés dans du rhum.

BONNE TENUE
Ajouter un peu de mascarpone à la crème avant de la fouetter pour une meilleure tenue.

CRÉMERIE

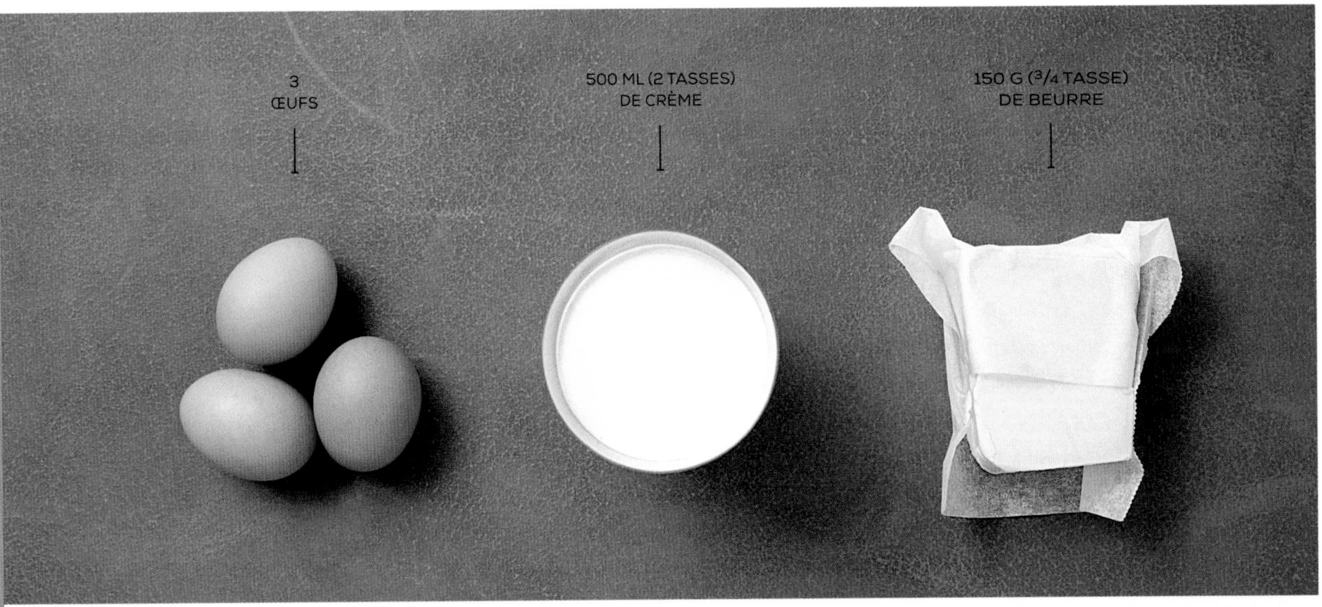
3
ŒUFS
500 ML (2 TASSES)
DE CRÈME
150 G (3/4 TASSE)
DE BEURRE

ÉPICERIE

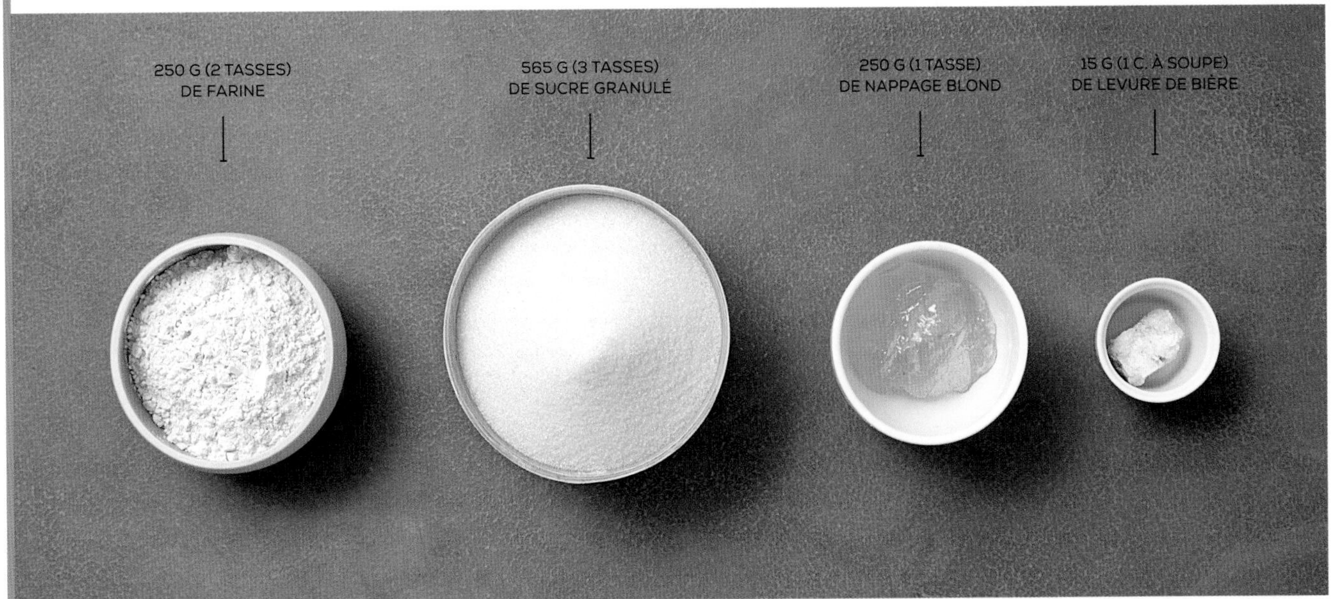
250 G (2 TASSES)
DE FARINE
565 G (3 TASSES)
DE SUCRE GRANULÉ
250 G (1 TASSE)
DE NAPPAGE BLOND
15 G (1 C. À SOUPE)
DE LEVURE DE BIÈRE

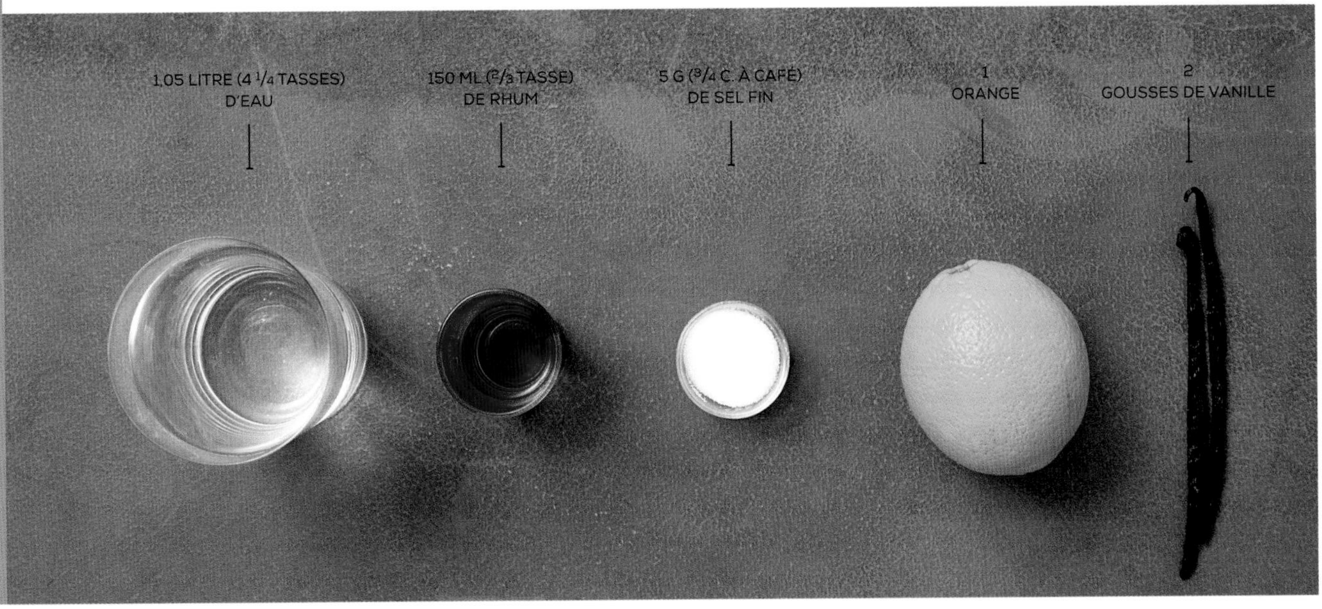
1,05 LITRE (4 1/4 TASSES)
D'EAU
150 ML (2/3 TASSE)
DE RHUM
5 G (3/4 C. À CAFÉ)
DE SEL FIN
1
ORANGE
2
GOUSSES DE VANILLE

1

LA PÂTE À SAVARIN

10 MINUTES

+ ATTENTE 30 MIN

Délayer la levure dans 50 ml (¹⁄₄ tasse) d'eau tiède.

Battre légèrement les œufs avec le sel et 15 g (1 c. à soupe) de sucre dans le bol du batteur.

Ajouter la farine et la levure, puis pétrir au crochet à vitesse moyenne quelques minutes afin d'obtenir une pâte assez corsée.

Terminer le pétrissage à vitesse rapide pour donner un maximum de corps à la pâte.

Incorporer délicatement 100 g (¹⁄₂ tasse) de beurre en pommade, puis racler le bord du bol pour éviter que de la pâte n'y sèche.

Couvrir la pâte d'un linge propre et laisser reposer à environ 30 °C (85 °F) pendant 30 minutes.

2

LE SIROP DE TREMPAGE

5 MINUTES

+ CUISSON 10 MIN

Brosser l'orange sous l'eau courante. Prélever quelques rubans de zeste à l'aide d'un économe et les mettre dans une casserole.

Ajouter 1 litre (4 tasses) d'eau, 500 g (2 ½ tasses) de sucre et les graines d'une gousse de vanille. Porter à frémissement et laisser infuser hors du feu.

3

MOULER LA PÂTE

10 MINUTES

+ ATTENTE 30MIN

Badigeonner généreusement le fond et le bord des moules de beurre en pommade à l'aide d'un pinceau.

Écraser la pâte avec la paume de la main pour chasser les gaz de fermentation.

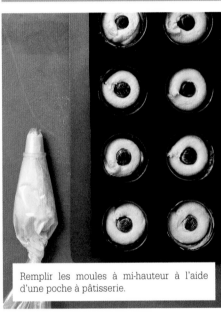

Remplir les moules à mi-hauteur à l'aide d'une poche à pâtisserie.

Laisser pousser la pâte à nouveau, jusqu'à ce qu'elle affleure le bord des moules.

4

LES BABAS

15 MINUTES

+ CUISSON 15 À 20 MIN   + ATTENTE 30 MIN

PRÉCHAUFFER LE FOUR À 180 °C (350 °F).

J'AJUSTE CETTE TEMPÉRATURE EN FONCTION DE MON FOUR : _____

_____

_____

_____

_____

_____

_____

Enfourner les babas et les laisser cuire 15 à 20 minutes, selon la taille des moules.

Vérifier la cuisson en piquant une pointe dans les babas : elle doit ressortir sèche. Démouler et laisser refroidir sur une grille.

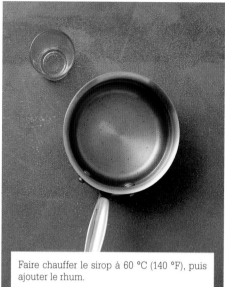

Faire chauffer le sirop à 60 °C (140 °F), puis ajouter le rhum.

Tremper les babas dans le sirop chaud. Les poser sur une grille pour les laisser égoutter et refroidir.

Mettre au point le nappage en suivant le mode d'emploi et en badigeonner chaque baba à l'aide d'un pinceau. Réserver au frais.

5

LA CHANTILLY ET LA FINITION

20 MINUTES

Fendre une gousse de vanille en deux dans la longueur et gratter l'intérieur pour récupérer les graines.

Fouetter la crème avec 50 g (¼ tasse) de sucre et les graines d'une gousse de vanille jusqu'à ce qu'elle soit mousseuse et ferme.

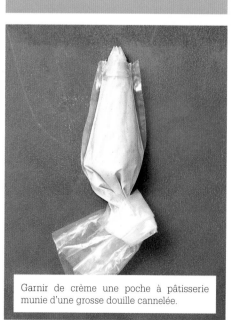

Garnir de crème une poche à pâtisserie munie d'une grosse douille cannelée.

Dresser une rosace de chantilly au centre de chaque baba et la décorer de zestes confits finement émincés.

PROFITEROLES

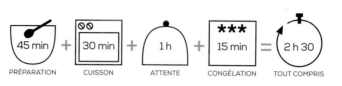

45 min	+	30 min	+	1 h	+	*** 15 min	=	2 h 30	★★	$
PRÉPARATION		CUISSON		ATTENTE		CONGÉLATION		TOUT COMPRIS	NIVEAU	BUDGET

INGRÉDIENTS POUR 8 PERSONNES

VANILLE ▸ 4 gousses

LAIT ENTIER ▸ 2 litres (8 tasses)

SUCRE GRANULÉ ▸ 100 g (½ tasse) + 300 g (1 ½ tasse)

JAUNES D'ŒUFS ▸ 20

CHOUX ▸ 32

CHOCOLAT NOIR ▸ 300 g (1 ¾ tasse)

EAU ▸ 350 g (1 ½ tasse)

BEURRE DOUX ▸ 50 g (¼ tasse)

● **BOISSON** cerdon rosé // muscat de Rivesaltes

CHANGEMENT D'ASSOCIATIONS

PISTACHE ET CHOCOLAT BLANC
▶ Réaliser une crème glacée à la pistache (voir p. 222) et une sauce au chocolat blanc... c'est délicieux!

TOUCHE DE PRALINÉ
▶ Utiliser du chocolat noir et du chocolat au praliné à parts égales pour réaliser la sauce.

AVANT DE DÉGUSTER
Les choux garnis doivent être conservés au congélateur, et la sauce au réfrigérateur. Il suffira de la réchauffer avant de dresser.

PAS DE SUCRE GRANULÉ?
Utiliser le sucre de son choix, cassonade, vergeoise... Attention, le goût particulier de ces sucres viendra s'ajouter aux autres parfums du dessert.

JE MAÎTRISE MAINTENANT

☐ LA CRÈME ANGLAISE
☐ LA SAUCE CHOCOLAT

1 H AVANT

1

METTRE AU FROID LE RÉCIPIENT
dans lequel la crème anglaise devra reposer.

TOUT PETITS... Réaliser de tout petits choux, les garnir de glace à la vanille et les conserver au congélateur. Au moment de les déguster, utiliser des piques à fondue pour les tremper directement dans la sauce au chocolat, façon fondue de profiteroles.

RESTE DE SAUCE
Utiliser la sauce restante avec des gaufres ou des crêpes, ou tout simplement sur une boule de glace.

JE ME NOTE

...... /20

CRÉMERIE

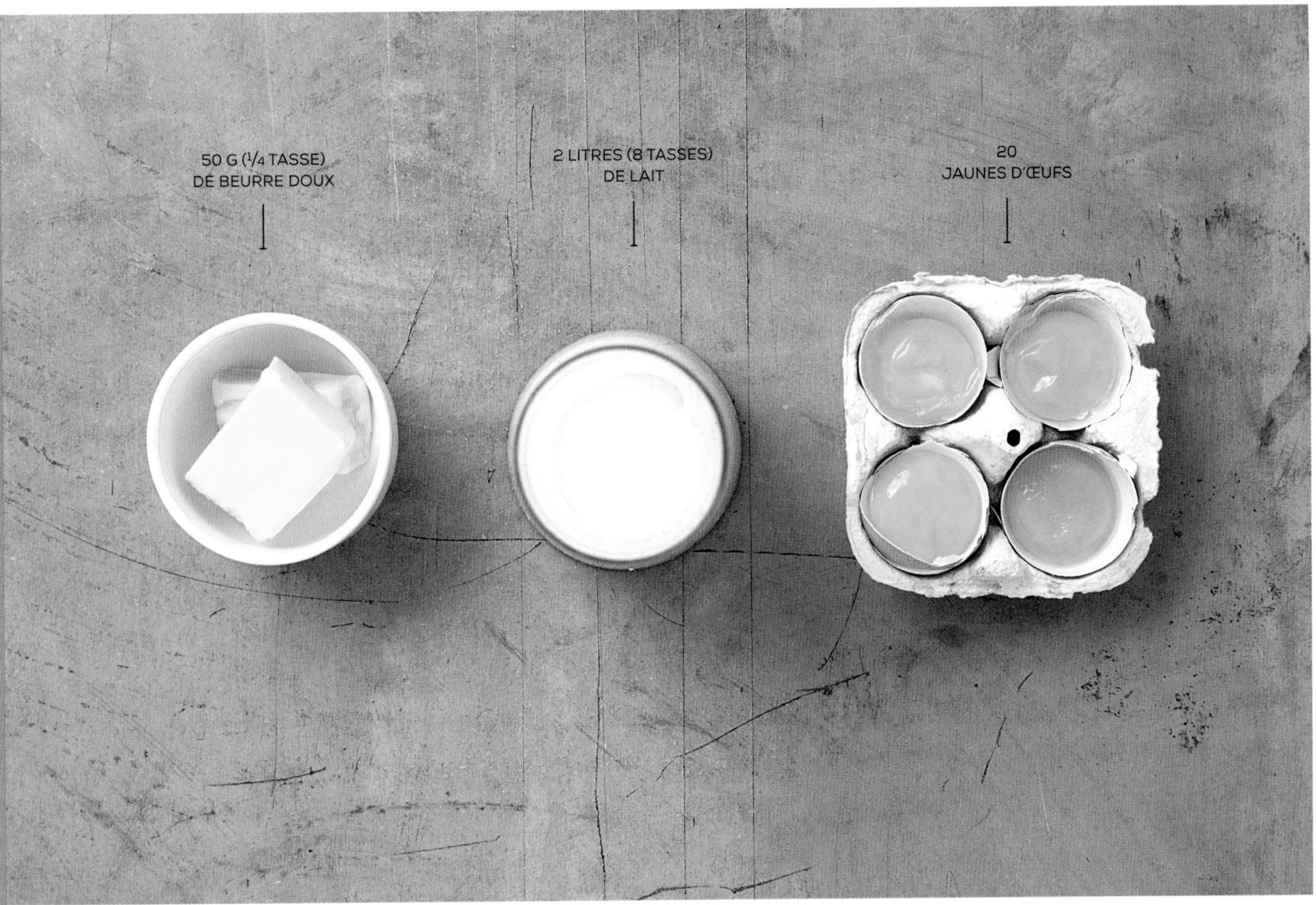
50 G (1/4 TASSE)
DE BEURRE DOUX
2 LITRES (8 TASSES)
DE LAIT
20
JAUNES D'ŒUFS

ÉPICERIE

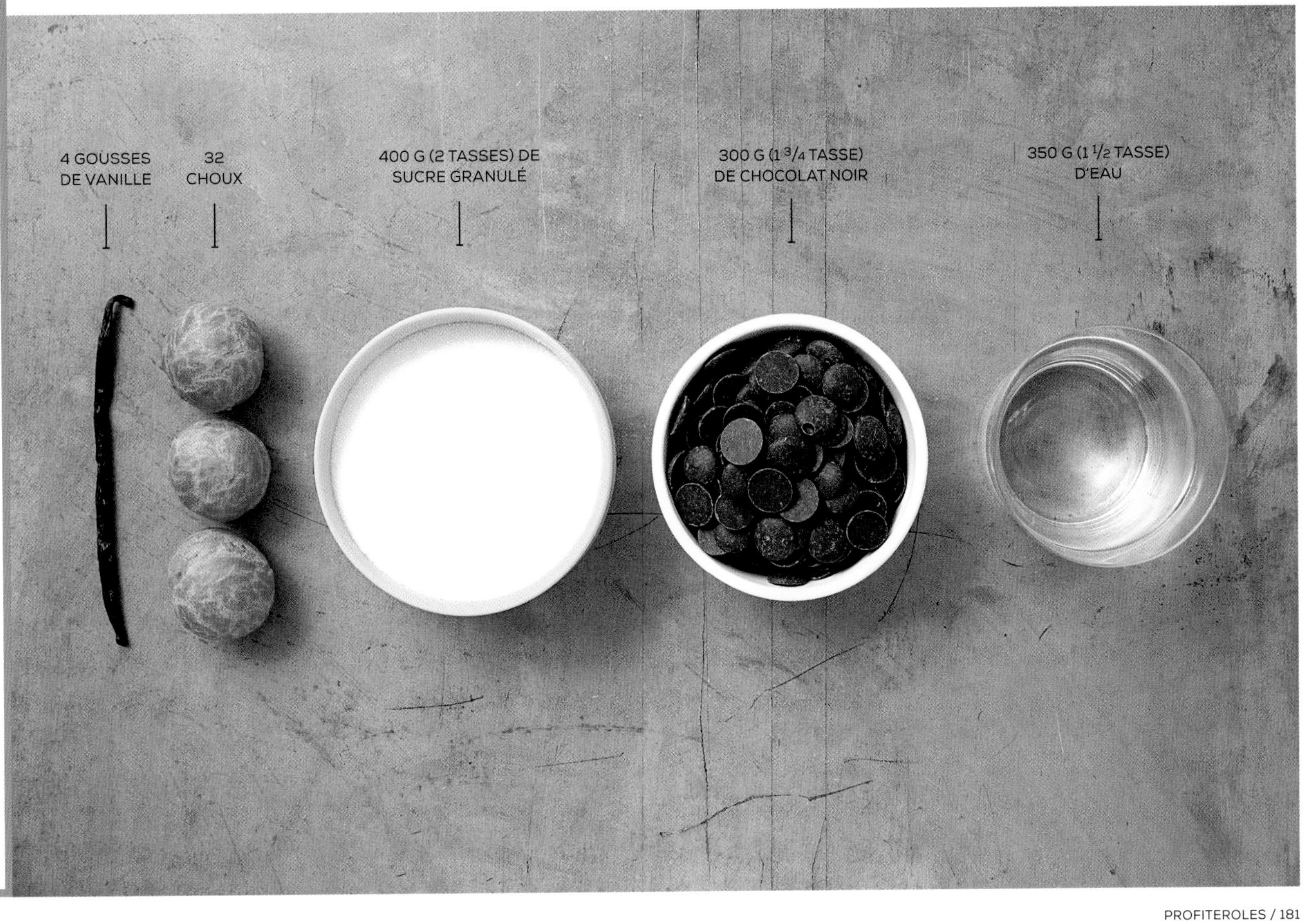
4 GOUSSES
DE VANILLE
32
CHOUX
400 G (2 TASSES) DE
SUCRE GRANULÉ
300 G (1 3/4 TASSE)
DE CHOCOLAT NOIR
350 G (1 1/2 TASSE)
D'EAU

1

LA CRÈME ANGLAISE

10 MINUTES

+ CUISSON **15 MIN** + ATTENTE **1 H**

Fendre les gousses de vanille dans la longueur et gratter l'intérieur pour récupérer les graines.

Porter le lait à ébullition avec 100 g (½ tasse) de sucre et les graines de vanille. Retirer du feu et laisser infuser pendant 10 minutes.

Fouetter les jaunes d'œufs et 300 g (1 ½ tasse) de sucre jusqu'à ce que le mélange blanchisse et soit mousseux.

(M) CONSEIL MasterChef

CETTE OPÉRATION PERMET DE DISSOUDRE LE SUCRE ET DE RENDRE LE MÉLANGE PLUS LÉGER.

Incorporer le lait infusé au mélange de jaunes et de sucre.

Transférer la crème vanillée dans une casserole.

Porter sur feu doux et laisser cuire jusqu'à ce que la crème atteigne 82 °C (180 °F), en remuant sans cesse avec une spatule.

(M) CONSEIL MasterChef

IL FAUT CUIRE À LA NAPPE, C'EST-À-DIRE JUSQU'À CE QUE LA CRÈME COUVRE LA SPATULE ET QUE, QUAND ON PASSE LE DOIGT SUR CELLE-CI, LA TRACE DU DOIGT PERDURE.

Verser la crème dans un récipient froid et continuer de remuer pendant quelque temps pour stopper la cuisson.

 CONSEIL MasterChef

SI LA CRÈME EST TROP CUITE ET A TRANCHÉ, AJOUTER UN GLAÇON ET MIXER VIVEMENT AU PIED-MÉLANGEUR AVANT DE FILTRER À L'AIDE D'UNE PASSOIRE TRÈS FINE.

Poser une pellicule plastique directement sur la crème et laisser refroidir pendant au moins 1 heure.

CONSEIL MasterChef

CETTE HEURE DE MATURATION PERMET À LA CRÈME D'ÊTRE ENCORE PLUS ONCTUEUSE, ET À SES SAVEURS DE SE DÉVELOPPER.

2
LA GLACE

5 MINUTES

+ CONGÉLATION 15 MIN

Verser la crème anglaise dans la cuve de la turbine ou de la sorbetière, et faire prendre en glace.

CONSEIL MasterChef

SANS SORBETIÈRE, VERSER LA CRÈME DANS UN BAC LARGE ET PLAT, METTRE DANS LE CONGÉLATEUR ET FOUETTER VIVEMENT TOUTES LES 20 MINUTES POUR CASSER LES PAILLETTES DE GIVRE, JUSQU'À CE QUE LA GLACE SOIT PRISE.

3
GARNIR LES CHOUX

20 MINUTES

Couper un chapeau dans la partie supérieure de chacun des choux.

Façonner des petites boules de glace et en déposer une dans chaque chou.

Replacer les chapeaux sur la glace et déposer les choux garnis au congélateur.

4

LA SAUCE AU CHOCOLAT

10 MINUTES

+ CUISSON 15 MIN

Préparer un bain-marie : cul-de-poule reposant sur le bord d'une casserole contenant un fond d'eau bouillante.

Concasser le chocolat noir.

Mettre l'eau dans le cul-de-poule, ajouter le chocolat et le laisser fondre au bain-marie sur feu doux.

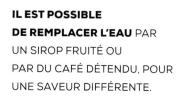

CONSEIL MasterChef

IL EST POSSIBLE DE REMPLACER L'EAU PAR UN SIROP FRUITÉ OU PAR DU CAFÉ DÉTENDU, POUR UNE SAVEUR DIFFÉRENTE.

Ajouter le beurre détaillé en parcelles et fouetter pour homogénéiser la sauce. Transférer dans une saucière.

Répartir les choux sur les assiettes et les napper de sauce au chocolat chaude.

LES ATELIERS DE Ⓜ MasterChef

PROFITEROLES

MOKA

| 1 h PRÉPARATION | + | 45 min CUISSON | + | 1 h ATTENTE | = | 2 h 45 TOUT COMPRIS | ★★ NIVEAU | $ BUDGET |

INGRÉDIENTS POUR 8 PERSONNES

BEURRE ▸ 20 g (1 c. à soupe) + 250 g (1 ¼ tasse)

FARINE ▸ 20 g (2 c. à soupe) + 150 g (1 ¼ tasse)

CAFÉ EXPRESSO (MOKA) ▸ 200 ml (¾ tasse)

SUCRE GRANULÉ ▸ 125 g (⅔ tasse) + 150 g (¾ tasse) + 250 g (1 ¼ tasse)

RHUM ▸ 50 ml (¼ tasse)

ŒUFS ▸ 5 + 3 (130 g)

EXTRAIT DE CAFÉ ▸ 20 g (1 c. à soupe)

AMANDES EFFILÉES ▸ 125 g (1 tasse)

CHOCOLAT NOIR ▸ 25 g (¼ tasse)

● **BOISSON** rivesaltes // rasteau

CHANGEMENT D'ASSOCIATIONS

NOYER
▸ Remplacer le café par de l'arôme de noix pour réaliser un noyer.

EFFET VISUEL
▸ Monter le dessert dans des verrines individuelles et terminer par une onctueuse chantilly parfumée au café.

ÉVITER LE FRIGO
Réaliser le moka le plus tard possible ; l'idéal est d'éviter le passage au réfrigérateur pour conserver à ce dessert son moelleux et son onctuosité (le réfrigérateur fige le beurre de la crème).

PAS D'EXTRAIT DE CAFÉ ?
Utiliser du café soluble dilué dans un fond d'eau pour remplacer l'extrait de café.

CRÈME AU BEURRE BIEN LISSE
S'il est trop froid, le beurre ne se mélange pas bien, et la crème tranche. Incorporer le beurre en pommade bien molle dans le sabayon à température ambiante, doucement et au batteur.

GÉNOISE SANS BAIN-MARIE
Utiliser un batteur électrique permet de monter le mélange sucre-œufs sans utiliser de bain-marie.

AVEC CETTE RECETTE

JE MAÎTRISE MAINTENANT

☐ LA GÉNOISE

☐ LA CRÈME AU BEURRE AU CAFÉ

JE ME NOTE

..... /20

CRÉMERIE

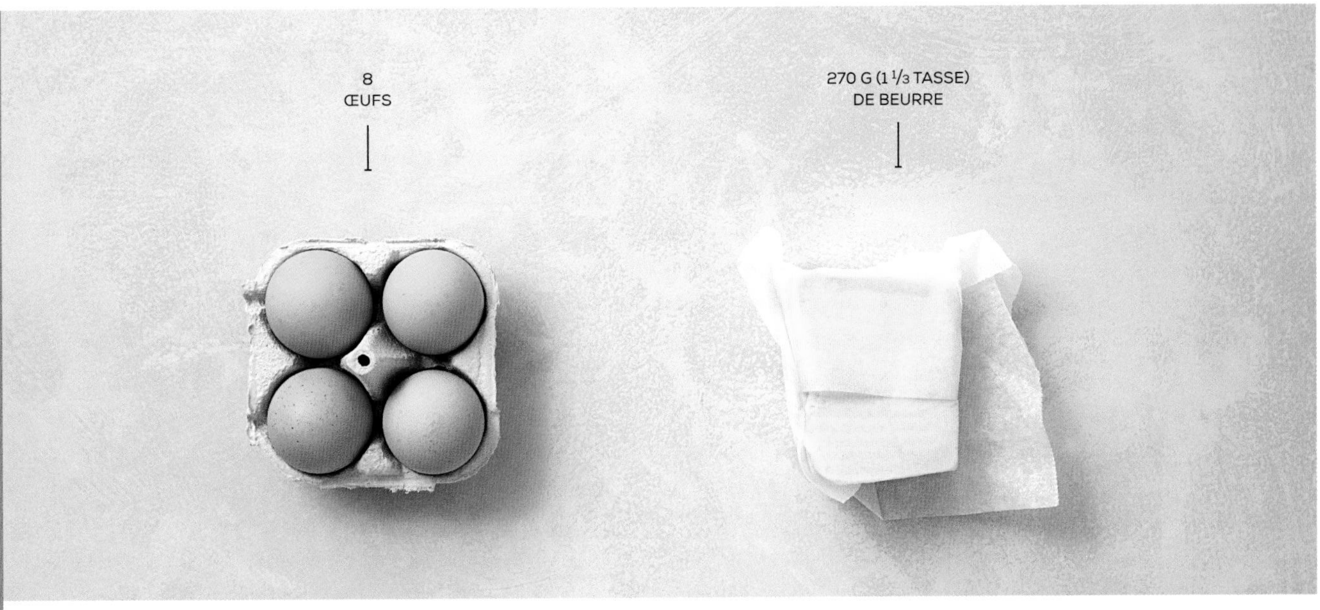

8
ŒUFS

270 G (1 ⅓ TASSE)
DE BEURRE

ÉPICERIE

125 G (1 TASSE)
D'AMANDES EFFILÉES

200 ML (¾ TASSE)
D'EXPRESSO

25 G (¼ TASSE)
DE CHOCOLAT NOIR

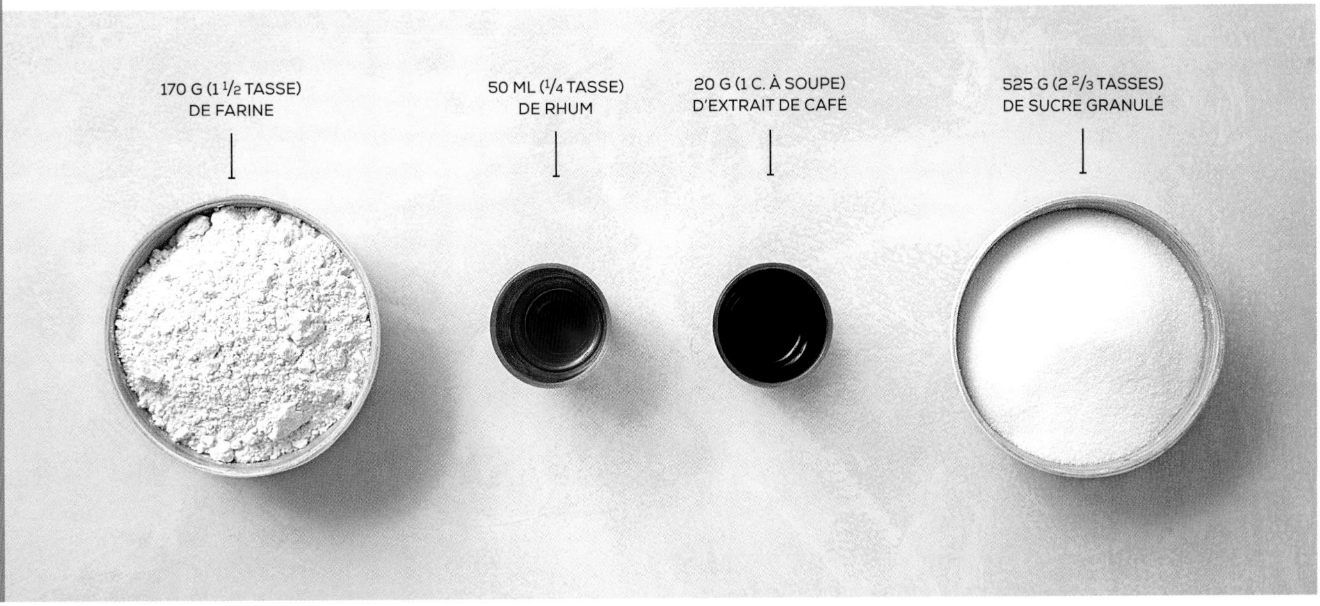

170 G (1 ½ TASSE)
DE FARINE

50 ML (¼ TASSE)
DE RHUM

20 G (1 C. À SOUPE)
D'EXTRAIT DE CAFÉ

525 G (2 ⅔ TASSES)
DE SUCRE GRANULÉ

1

CHEMISER LE MOULE

5 MINUTES

+ ATTENTE 10 MIN

Faire fondre doucement 20 g (1 c. à soupe) de beurre et en badigeonner généreusement un moule ; laisser figer au froid.

Fariner le moule, le retourner en le tapotant pour enlever l'excédent de farine et le placer, toujours à l'envers, au réfrigérateur.

2

LE SIROP DE PUNCHAGE

5 MINUTES

+ CUISSON 5 MIN **+ ATTENTE 30 MIN**

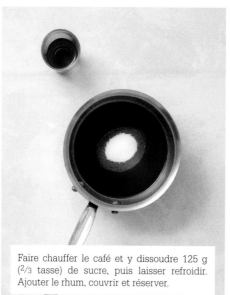

Faire chauffer le café et y dissoudre 125 g (2/3 tasse) de sucre, puis laisser refroidir. Ajouter le rhum, couvrir et réserver.

3

LE BISCUIT GÉNOIS

15 MINUTES

+ CUISSON 25 À 30 MIN **+ ATTENTE 20 MIN**

PRÉCHAUFFER LE FOUR À 160 °C (325 °F).

J'AJUSTE CETTE TEMPÉRATURE EN FONCTION DE MON FOUR : _____

_____

_____

_____

_____

_____

Fouetter doucement 150 g (3/4 tasse) de sucre et 5 œufs dans un bain-marie jusqu'à ce que l'appareil soit tiède et ait doublé de volume.

Retirer du bain-marie et fouetter le mélange à grande vitesse jusqu'à complet refroidissement.

Ajouter la farine tamisée en pluie et l'incorporer délicatement, en «coupant» l'appareil à l'aide d'une écumoire.

Remplir le moule préparé en privilégiant le tour, de façon à éviter toute surépaisseur, au centre notamment.

Enfourner pour 25 à 30 minutes. Vérifier la cuisson en enfonçant une pointe au cœur de la génoise : elle doit ressortir sèche.

Démouler la génoise à chaud et la laisser refroidir sur une grille.

4

LA CRÈME AU BEURRE

15 MINUTES

+ CUISSON 10 MIN

Battre rapidement 3 œufs en omelette, en peser 130 g (4 1/2 oz) et les mettre dans le bol du batteur.

Faire cuire 250 g (1 1/4 tasse) de sucre dans une casserole jusqu'au boulé, c'est-à-dire 116 °C (240 °F).

Incorporer peu à peu aux œufs le sucre cuit en fouettant à grande vitesse, et continuer de fouetter jusqu'à complet refroidissement.

Ramollir le beurre en pommade et l'incorporer petit à petit dans le sabayon froid.

Parfumer la crème d'extrait de café, puis la réserver dans un endroit tempéré.

5

GARNIR LA GÉNOISE

20 MINUTES

+ CUISSON 5 MIN

Faire griller les amandes sous le gril du four ou à la poêle, doucement, puis les réserver dans une assiette creuse.

Découper le biscuit en trois disques de même épaisseur.

Imbiber toute la surface du premier biscuit de sirop de punchage au pinceau jusqu'à ce que la génoise soit bien humide.

Dresser à la poche à pâtisserie une couche de crème au beurre et lisser à la spatule pour éliminer les trous.

Ajouter dessus un autre disque de biscuit, l'imbiber et le garnir de crème. Recouvrir le tout du dernier disque, imbibé lui aussi.

Laisser le moka au frais quelques minutes. Le recouvrir de crème au beurre et lisser, puis masquer le bord avec les amandes.

Décorer la surface de crème au beurre avec la poche et une douille cannelée, puis écrire « MOKA » au cornet, avec du chocolat fondu.

MACARONS

  +   + =

| 45 min | | 10 min | | 30 min | | 1 h 25 | | ★★ | | $$ |
| PRÉPARATION | | CUISSON | | ATTENTE | | TOUT COMPRIS | | NIVEAU | | BUDGET |

INGRÉDIENTS POUR 30 MACARONS

BLANCS D'ŒUFS ▸ 150 g ($^2/_3$ tasse)

POUDRE D'AMANDES BLANCHE ▸ 200 g (2 $^1/_2$ tasses)

SUCRE GLACE ▸ 300 g (2 $^1/_2$ tasses)

SUCRE GRANULÉ ▸ 100 g ($^1/_2$ tasse)

● **BOISSON** banyuls // coteaux-du-layon

CHANGEMENT D'ASSOCIATIONS

PLUS ÉLABORÉ

▶ Remplacer la meringue française par une meringue italienne au sucre cuit, pour des macarons plus solides et tout aussi moelleux (voir p. 222).

DE TOUTES LES COULEURS

▶ Ajouter des colorants en poudre pour faire des macarons de différentes couleurs.

30 MIN AVANT

SORTIR LES BLANCS D'ŒUFS DU FRIGO pour les amener à température ambiante.

PAS DE SUCRE GLACE ?

Mixer du sucre, puis le passer à la passoire très fine pour obtenir du sucre glace.

AU CHAUD !

Pour obtenir un tant-pour-tant très fin, étaler la poudre d'amandes en fine couche sur un plateau et placer celui-ci au-dessus d'un radiateur durant une nuit, pour qu'elle sèche bien.

BIEN BRILLANTS

Placer les macarons au congélateur dès la sortie du four. Le choc thermique ainsi réalisé assurera une surface bien brillante.

AVEC CETTE RECETTE

JE MAÎTRISE MAINTENANT

☐ LES COQUES DE MACARON
☐ LE MACARONAGE

JE ME NOTE

 ..... /20

TOUS LES MACARONS

Cette recette permet de faire des macarons parisiens, mais il existe de nombreuses autres versions de ce délice : macarons de Nancy, d'Amiens...

150 G (²/₃ TASSE)
DE BLANCS D'ŒUFS

200 G (2 ¹/₂ TASSES)
DE POUDRE D'AMANDES BLANCHE

300 G (2 ¹/₂ TASSES)
DE SUCRE GLACE

100 G (¹/₂ TASSE)
DE SUCRE GRANULÉ

1

TEMPÉRER LES BLANCS D'ŒUFS

2 MINUTES

+ ATTENTE 30 MIN

Sortir les blancs d'œufs du réfrigérateur 30 minutes avant le début du travail pour les amener à température ambiante.

2

LES GABARITS ET LE TANT-POUR-TANT

15 MINUTES

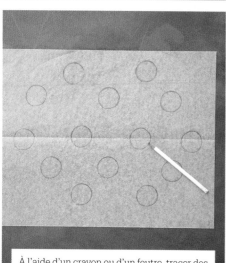

À l'aide d'un crayon ou d'un feutre, tracer des cercles de 3 cm (1 1/4 po) de diamètre en quinconce sur deux feuilles de papier sulfurisé.

Mixer la poudre d'amandes avec 200 g (1 3/4 tasse) de sucre glace pour obtenir le tant-pour-tant le plus fin possible.

Passer le mélange obtenu au tamis fin.

Vérifier le poids du mélange : on doit obtenir 400 g (3 1/2 tasses).

3

LA MERINGUE FRANÇAISE

10 MINUTES

Ajouter 50 g (1/4 tasse) de sucre granulé dans le bol des blancs d'œufs et fouetter doucement.

Quand ils sont déjà bien mousseux, incorporer le reste de sucre granulé (50 g [1/4 tasse]) versé en pluie fine.

Serrer la meringue en incorporant 100 g (1 tasse) de sucre glace à grande vitesse.

4

L'APPAREIL À MACARONS

5 MINUTES

Mélanger le tant-pour-tant et la meringue à l'aide d'une spatule souple.

Battre le mélange pour macaroner la pâte.

5

LES COQUES

10 MINUTES

Munir une poche à pâtisserie d'une douille unie n° 6, puis la garnir d'appareil à macarons.

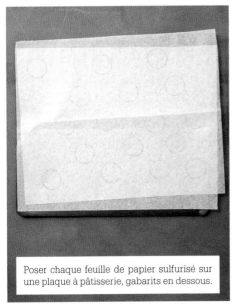

Poser chaque feuille de papier sulfurisé sur une plaque à pâtisserie, gabarits en dessous.

Dresser les coques des macarons sur les feuilles de papier sulfurisé en s'aidant des gabarits, visibles par transparence.

Tapoter les plaques pour rendre les coques parfaitement régulières, sans pointes résiduelles.

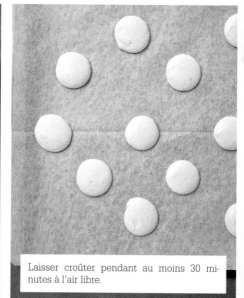

Laisser croûter pendant au moins 30 minutes à l'air libre.

PRÉCHAUFFER LE FOUR
À 160 °C (325 °F).

J'AJUSTE CETTE TEMPÉRATURE EN FONCTION DE MON FOUR : _____

_____

_____

_____

_____

_____

6

LES MACARONS

5
MINUTES

+ CUISSON 10 MIN

Enfourner les coques et les laisser cuire durant 10 minutes.

CONSEIL MasterChef

VOUS POUVEZ CONFECTIONNER DES COQUES PLUS GROSSES, IL SUFFIRA DE LES CUIRE PLUS LONGTEMPS.

À la sortie du four, glisser la feuille de macarons sur un torchon humide posé sur le plan de travail.

Décoller les coques et les laisser refroidir, puis les garnir de ganache (voir p. 223) et les accoler deux à deux.

LES ATELIERS DE Ⓜ MasterChef

MACARONS

PARIS-BREST

 40 min PRÉPARATION + **30 min** CUISSON + **1 h 30** ATTENTE = **2 h 40** TOUT COMPRIS ★★★ NIVEAU Ⓢ BUDGET

INGRÉDIENTS POUR 8 PERSONNES

EAU ▶ 250 ml (1 tasse) + 1 c. à soupe

SEL ▶ 5 g ($^3/_4$ c. à café) + 1 pincée

BEURRE ▶ 75 g ($^1/_3$ tasse) + 175 g ($^3/_4$ tasse)

FARINE ▶ 150 g (1 $^1/_4$ tasse) + 35 g ($^1/_4$ tasse)

ŒUFS ▶ 5

JAUNES D'ŒUFS ▶ 1 + 3

AMANDES EFFILÉES ▶ 50 g ($^1/_2$ tasse)

LAIT ▶ 330 ml (1 $^1/_3$ tasse)

SUCRE GRANULÉ ▶ 60 g ($^1/_4$ tasse)

PRALINÉ EN PÂTE ▶ 100 g (5 c. à soupe)

SUCRE GLACE ▶ 25 g ($^1/_4$ tasse)

● **BOISSON** sauternes // loupiac

CHANGEMENT D'ASSOCIATIONS

AUTRE FORME

▶ Réaliser cette recette sous la forme de petits éclairs, pour un dessert individuel original.

AUTRE PARFUM

▶ Parfumer la crème avec le produit typique d'une région (mirabelle, miel, citron, châtaigne...) et inventer « son » dessert local.

PARIS-BREST?

Ce dessert est une création de 1891 qui symbolise une roue de vélo et fait référence à la course cycliste qui allait de Paris à Brest.

PARFAITEMENT CUITE

La couronne est cuite quand elle est légère, gonflée, et que les creux et les aspérités de la pâte présentent la même couleur.

COURONNE DE PETITS CHOUX
Plutôt que de coucher une grande couronne, poser des petits tas de pâte espacés de 1 cm ($^1/_3$ po) les uns des autres sur un gabarit circulaire; en cuisant, ils vont se coller et créer une couronne de choux, bien plus facile à portionner!

PAS DE PRALINÉ?

Mixer une « nougatine » composée de sucre, de noisettes et d'amandes jusqu'à l'obtention d'une pâte fine.

PLUS LÉGER?

Plus la crème sera émulsionnée, plus le dessert sera léger.

AVEC CETTE RECETTE

JE MAÎTRISE MAINTENANT

☐ LA COURONNE EN PÂTE À CHOUX
☐ LA CRÈME PRALINÉE

JE ME NOTE

 ...... /20

CRÉMERIE

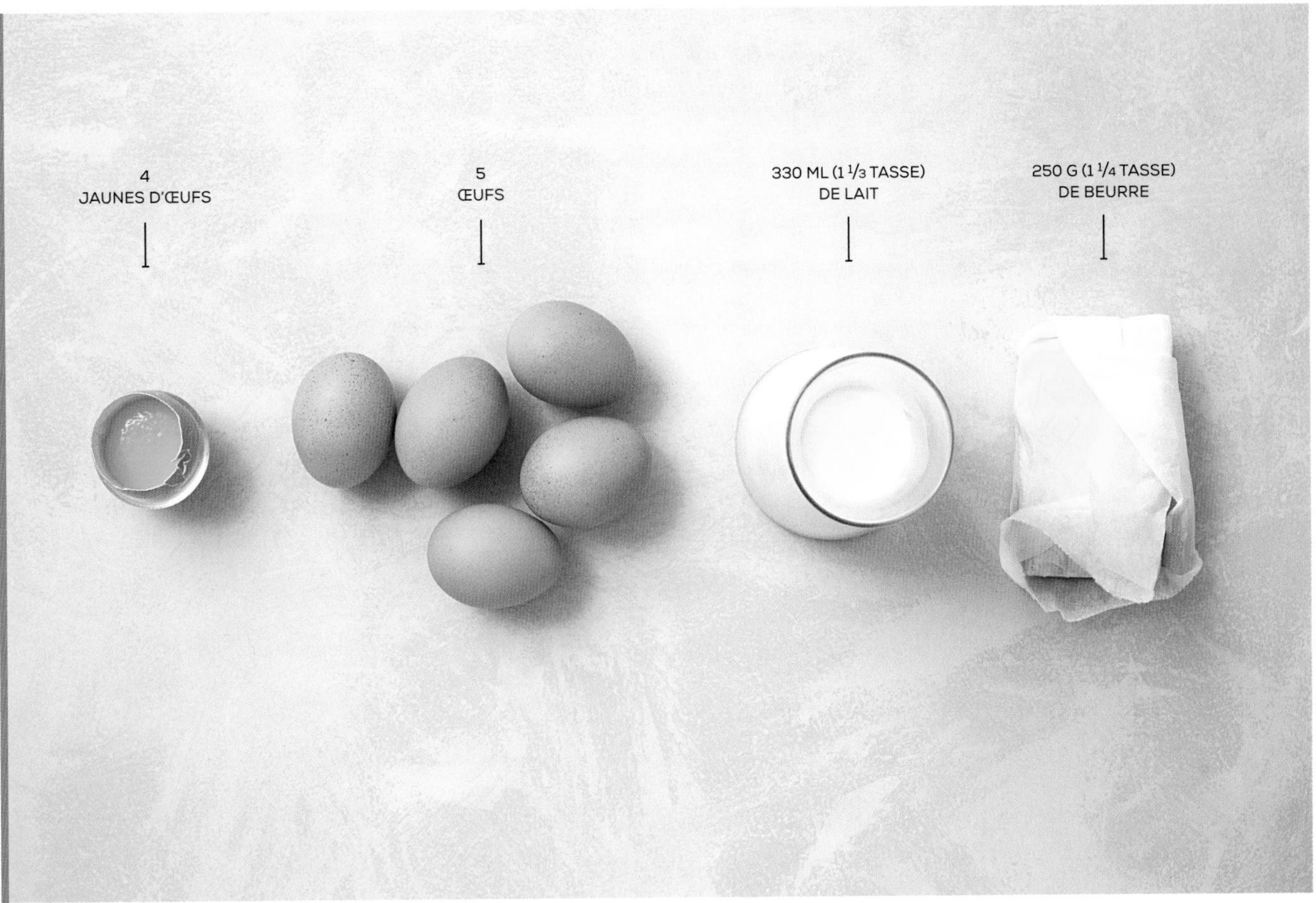
4
JAUNES D'ŒUFS
5
ŒUFS
330 ML (1 1/3 TASSE)
DE LAIT
250 G (1 1/4 TASSE)
DE BEURRE

ÉPICERIE

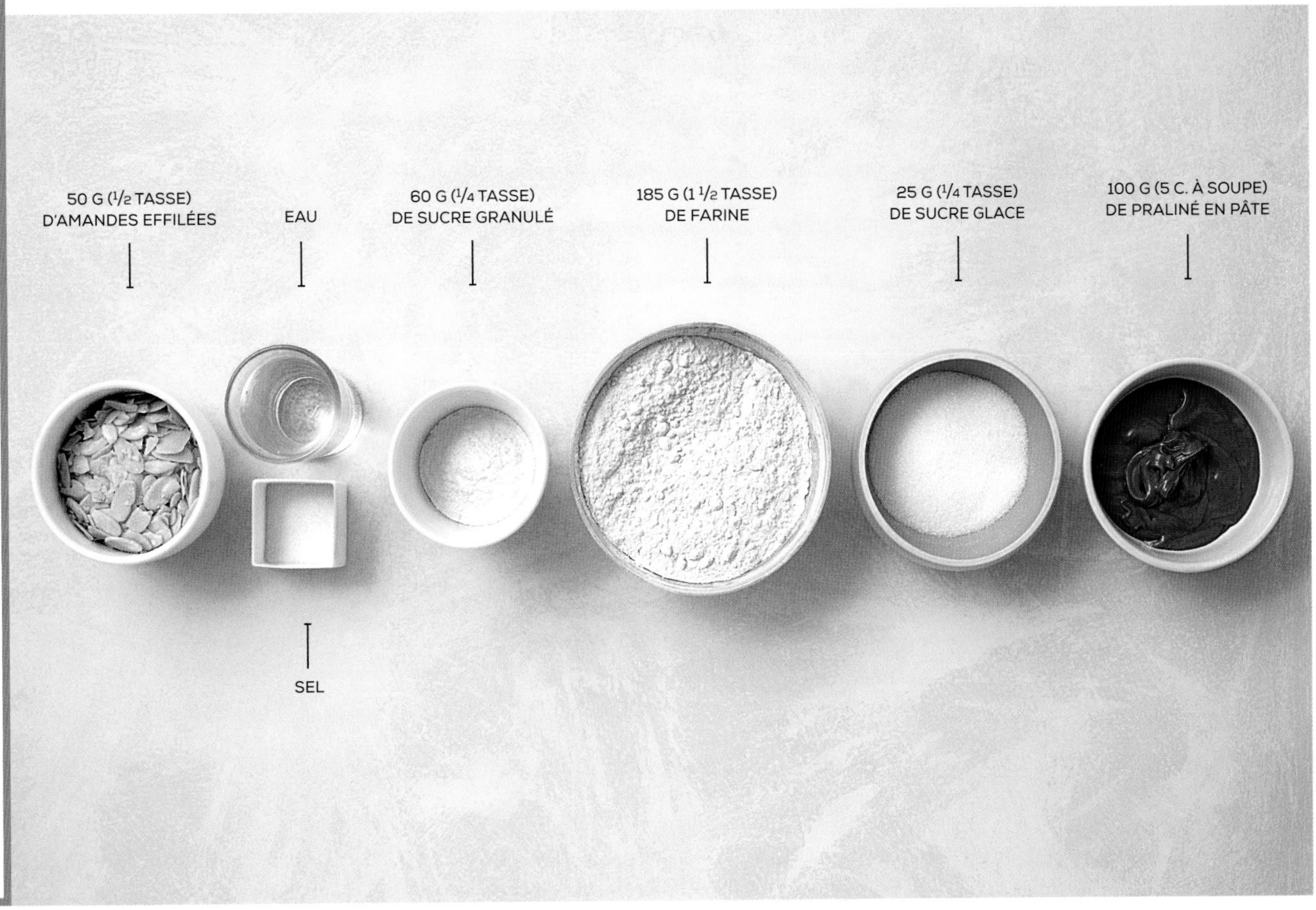
50 G (1/2 TASSE)
D'AMANDES EFFILÉES
EAU
60 G (1/4 TASSE)
DE SUCRE GRANULÉ
185 G (1 1/2 TASSE)
DE FARINE
25 G (1/4 TASSE)
DE SUCRE GLACE
100 G (5 C. À SOUPE)
DE PRALINÉ EN PÂTE
SEL

1

LA PÂTE À CHOUX

10 MINUTES

+ CUISSON 5 MIN

Peser et préparer tous les ingrédients de la pâte : 250 ml (1 tasse) d'eau, 5 g (³⁄₄ c. à café) de sel, 75 g (¹⁄₃ tasse) de beurre, 150 g (1 ¹⁄₄ tasse) de farine et 5 œufs.

Détailler le beurre en parcelles, les mettre dans une casserole avec l'eau et le sel, puis porter à ébullition.

Retirer du feu et ajouter toute la farine d'un coup dans le liquide bouillant.

Mélanger cette panade à l'aide d'une spatule plate jusqu'à l'obtention d'une boule de pâte homogène.

Faire dessécher un peu la panade sur feu doux jusqu'à ce qu'elle soit lisse, puis la déposer dans le bol d'un robot.

Ajouter 4 œufs, l'un après l'autre, en veillant à ce que chaque œuf soit bien incorporé à la pâte avant d'ajouter le suivant.

Battre le dernier œuf dans un ramequin et en incorporer juste ce qu'il faut pour obtenir une pâte souple formant des becs.

2

LA COURONNE

10 MINUTES

+ CUISSON 20 MIN   + ATTENTE 30 MIN

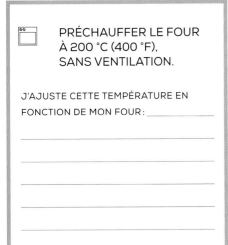

PRÉCHAUFFER LE FOUR À 200 °C (400 °F), SANS VENTILATION.

J'AJUSTE CETTE TEMPÉRATURE EN FONCTION DE MON FOUR : _____

_____

_____

_____

_____

_____

Tracer un cercle de 18 à 20 cm (7 à 8 po) de diamètre sur une feuille de papier sulfurisé, puis retourner celle-ci sur une plaque de cuisson.

Remplir de pâte une poche à pâtisserie munie d'une douille lisse n° 10 et coucher une couronne en suivant le tracé par transparence.

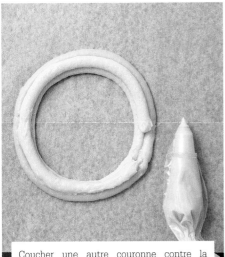

Coucher une autre couronne contre la première, à l'intérieur, et en déposer une dernière à cheval sur les deux premières.

Mélanger 1 jaune d'œuf avec 1 cuillerée à soupe d'eau et en badigeonner la couronne, puis la rayer à l'aide d'une fourchette.

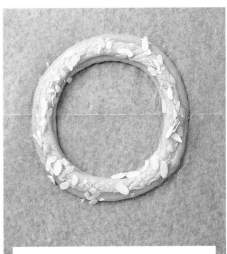

La parsemer d'amandes effilées. Enfourner, baisser aussitôt la température à 180 °C (350 °F) et laisser cuire 20 minutes.

Vérifier la cuisson : la couronne doit être légère et de couleur homogène. La déposer sur une grille et la laisser refroidir.

3

LA CRÈME PRALINÉE

10 MINUTES

+ CUISSON 5 MIN   + ATTENTE 30 MIN

Porter le lait à ébullition. Faire blanchir 3 jaunes d'œufs avec le sucre en fouettant, puis ajouter 35 g (¼ tasse) de farine et mélanger.

Ajouter petit à petit le lait très chaud, en fouettant.

Reverser l'ensemble dans la casserole, porter à ébullition et laisser cuire 1 minute, en mélangeant constamment.

Hors du feu, incorporer 75 g (1/3 tasse) de beurre en parcelles. Placer une pellicule plastique directement sur la crème et réserver 30 minutes au frais.

Travailler le praliné avec 175 g (3/4 tasse) de beurre pour les assouplir jusqu'à ce que le mélange ait la texture d'une pommade.

Battre la crème pâtissière pour l'assouplir, puis incorporer petit à petit le beurre praliné en fouettant à grande vitesse.

4

LE MONTAGE

10 MINUTES

+ ATTENTE 30 MIN

Couper la couronne de pâte en deux dans l'épaisseur, à mi-hauteur.

Remplir de crème une poche à pâtisserie munie d'une douille cannelée n° 10 et garnir la base de la couronne.

Poser la partie supérieure de la couronne sur la crème. Saupoudrer le tout de sucre glace et laisser raffermir au frais 30 minutes.

OPÉRA

1 h 15	+	25 min	+	2 h 30	=	4 h 10	★★★	$$
PRÉPARATION		CUISSON		ATTENTE		TOUT COMPRIS	NIVEAU	BUDGET

INGRÉDIENTS POUR 8 PERSONNES

SUCRE GRANULÉ ▸ 125 g (²/₃ tasse) + 125 g (²/₃ tasse) + 20 g (2 c. à soupe) + 125 g (²/₃ tasse) + 90 g (¹/₂ tasse)

CAFÉ EXPRESSO (MOKA) ▸ 200 ml (³/₄ tasse)

COINTREAU ▸ 50 ml (¹/₄ tasse)

ŒUFS ▸ 180 g (environ 3,5 œufs) + 75 g (environ 1,5 œuf)

POUDRE D'AMANDES ▸ 125 g (1 ¹/₂ tasse)

FARINE ▸ 35 g (¹/₄ tasse)

BLANCS D'ŒUFS ▸ 120 g (¹/₂ tasse)

BEURRE ▸ 25 g (1 ¹/₂ c. à soupe) + 125 g (¹/₂ tasse) + 70 g (¹/₃ tasse)

EXTRAIT DE CAFÉ ▸ 10 g (¹/₂ c. à soupe)

CRÈME ▸ 200 g (1 tasse) + 62,5 g (¹/₄ tasse)

CHOCOLAT NOIR ▸ 275 g (1 ¹/₂ tasse)

BEURRE DE CACAO OU HUILE NEUTRE ▸ 25 g (2 c. à soupe)

EAU ▸ 72,5 g (¹/₃ tasse)

CACAO EN POUDRE ▸ 30 g (¹/₃ tasse)

GÉLATINE ▸ 2 feuilles

● **BOISSON** macvin du Jura // champagne

CHABLONNER La couche de chocolat sur le biscuit du fond permet au gâteau d'être facile à servir tout en restant très moelleux, car le chocolat figé assure un fond solide que le sirop ne va pas détremper à outrance.

BISCUIT JOCONDE Ce biscuit à la fois léger et savoureux constitue la base de l'opéra, mais on peut le remplacer par des feuilles de génoise.

LÉGER Les couches de crème au beurre ne doivent pas excéder 5 mm (³/₁₆ po) d'épaisseur, pour que le gâteau conserve sa légèreté.

AVEC DU GLUCOSE

Remplacer le sucre granulé de la ganache par le même poids de glucose, pour une ganache encore plus onctueuse.

CHANGEMENT D'ASSOCIATIONS

AUTRES PARFUMS

▸ Changer les parfums en respectant l'ordre de montage pour obtenir une variation d'entremets : chocolat-vanille, caramel-pommes...

NOTE JAPONAISE

▸ Ajouter du thé matcha dans le biscuit pour apporter un peu d'amertume.

AVEC CETTE RECETTE

JE MAÎTRISE MAINTENANT

☐ LE BISCUIT JOCONDE
☐ LA GANACHE AU CHOCOLAT NOIR
☐ LE NAPPAGE CHOCOLAT

_____ JE ME NOTE
_____
_____
_____ ..... /20

262,5 G (1 ¼ TASSE)
DE CRÈME

120 G (½ TASSE)
DE BLANCS D'ŒUFS

255 G D'ŒUFS
(ENVIRON 5 ŒUFS)

220 G (1 TASSE)
DE BEURRE

72,5 G (⅓ TASSE)
D'EAU

485 G (2 ½ TASSES)
DE SUCRE

125 G (1 ½ TASSE)
DE POUDRE D'AMANDES

35 G (¼ TASSE)
DE FARINE

2
FEUILLES DE GÉLATINE

50 ML (¼ TASSE)
DE COINTREAU

275 G (1 ½ TASSE)
DE CHOCOLAT NOIR

200 ML (¾ TASSE)
D'EXPRESSO

10 G (½ C. À SOUPE)
D'EXTRAIT DE CAFÉ

25 G (2 C. À SOUPE)
DE BEURRE DE CACAO
OU D'HUILE NEUTRE

30 G (⅓ TASSE)
DE CACAO EN POUDRE

1

LE SIROP
ET LE BISCUIT JOCONDE

15 MINUTES

+ CUISSON **10 MIN** | + ATTENTE **30 MIN**

Dissoudre 125 g (²/₃ tasse) de sucre dans le café expresso très chaud et laisser refroidir, puis ajouter le Cointreau. Couvrir et réserver.

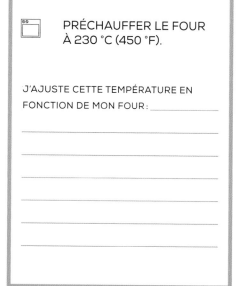

PRÉCHAUFFER LE FOUR À 230 °C (450 °F).

J'AJUSTE CETTE TEMPÉRATURE EN FONCTION DE MON FOUR : _____

_____

_____

_____

_____

_____

Fouetter à grande vitesse 180 g (3,5 œufs) d'œuf avec 125 g (²/₃ tasse) de sucre et la poudre d'amandes. Incorporer délicatement la farine.

Monter les blancs d'œufs en neige et les serrer avec 20 g (2 c. à soupe) de sucre. Les incorporer délicatement à l'appareil aux amandes.

Faire fondre 25 g (1 ¹/₂ c. à soupe) de beurre, puis le laisser tiédir et l'incorporer à la préparation précédente.

Étaler uniformément l'appareil sur une plaque tapissée de papier sulfurisé. Enfourner et laisser cuire 7 minutes.

2

LA CRÈME AU BEURRE

15 MINUTES

+ CUISSON **10 MIN**

Faire cuire 125 g (²/₃ tasse) de sucre dans une casserole jusqu'au boulé, c'est-à-dire 116 °C (240 °F).

Mettre 75 g (1,5 œuf) d'œuf dans le bol du malaxeur et incorporer peu à peu le sucre en fouettant vivement. Continuer jusqu'à complet refroidissement.

Ramollir le beurre en pommade et l'incorporer petit à petit dans le sabayon froid.

Parfumer la crème avec l'extrait de café, puis la réserver dans un endroit tempéré.

3
LA GANACHE

10 MINUTES

+ ATTENTE 30 MIN

Porter 200 g (1 tasse) de crème à ébullition.

Hacher 200 g (1 1/4 tasse) de chocolat. Verser la crème encore très chaude (environ 80 °C [175 °F]) dessus et laisser fondre le chocolat quelques instants.

Ajouter 70 g (1/3 tasse) de beurre et lisser la ganache au fouet. Réserver à température ambiante.

4
LE NAPPAGE

5 MINUTES

+ CUISSON 5 MIN   + ATTENTE 30 MIN

Dans un récipient de cuisson assez haut, porter à ébullition l'eau avec 62,5 g (1/4 tasse) de crème et 90 g (1/2 tasse) de sucre.

Ajouter le cacao et faire bouillir 5 minutes, en fouettant pour éviter les grumeaux. Retirer du feu et laisser refroidir à 60 °C (140 °F).

Faire tremper la gélatine dans un peu d'eau, l'essorer et l'ajouter à la préparation. Attendre le refroidissement sans fouetter.

5

ASSEMBLAGE DE L'OPÉRA

30 MINUTES

+ ATTENTE 1 H

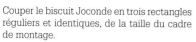

Couper le biscuit Joconde en trois rectangles réguliers et identiques, de la taille du cadre de montage.

Faire fondre au bain-marie le reste de chocolat avec le beurre de cacao. En badigeonner au pinceau la surface d'un des biscuits.

Placer le biscuit chablonné dans un cadre, chocolat vers le fond, et l'imbiber de sirop au café.

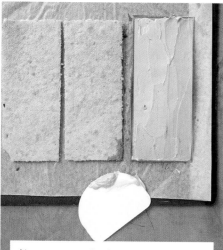

Ajouter une couche de crème au beurre, lisser avec une corne à pâtisserie et laisser raffermir au frais.

Ajouter une couche de ganache, puis un biscuit imbibé de sirop. Procéder de la même façon pour le deuxième étage.

Verser le nappage froid mais encore liquide sur le gâteau, lisser et réserver au frais. Décor libre, au cornet de chocolat fondu.

LES ATELIERS DE MasterChef

ÉCLAIRS
AU CHOCOLAT

  +

50 min PRÉPARATION + **40 min** CUISSON + **50 min** ATTENTE = **2 h 20** TOUT COMPRIS ★★ NIVEAU Ⓢ BUDGET

INGRÉDIENTS POUR 8 PERSONNES

EAU ▸ 250 ml (1 tasse) + 1 c. à soupe

SEL ▸ 5 g (³/4 tasse)

BEURRE ▸ 75 g (¹/3 tasse)

FARINE ▸ 150 g (1 ¹/4 tasse)

ŒUFS ▸ 5

JAUNES D'ŒUFS ▸ 1 + 6

LAIT ▸ 650 g (3 tasses) + 100 g (¹/2 tasse)

SUCRE GRANULÉ ▸ 50 g (¹/4 tasse) + 150 g (³/4 tasse)

POUDRE À CRÈME (FÉCULE DE MAÏS VANILLÉE) ▸ 100 g (1 tasse)

CACAO AMER NON SUCRÉ ▸ 125 g (1 ¹/4 tasse) + 30 g (¹/4 tasse)

FONDANT PÂTISSIER ▸ 300 g (³/4 tasse)

● **BOISSON** banyuls // maury

CHANGEMENT D'ASSOCIATIONS

ÉCLAIRS À LA CHANTILLY
▸ Remplacer la crème au chocolat par une chantilly bien vanillée.

TOUT CHOCO
▸ Ajouter du cacao en poudre dans la pâte à choux pour faire une pâte tout chocolat.

AUTRES PARFUMS
La crème pâtissière peut être aromatisée à n'importe quel parfum. Les plus classiques sont café, vanille, Grand-Marnier et caramel.

POUR DES CHOUX
Pour obtenir des choux, la technique est la même, mais il faut coucher des petits disques de pâte en quinconce sur la plaque du four.

CRAQUELIN
Recouvrir les choux de pâte à craquelin (voir p. 223) très fine permet d'obtenir des choux bien ronds et croustillants.

PAS DE FONDANT PÂTISSIER ?
Confectionner une glace royale (voir p. 222).

JOLIS!
Pour rendre les éclairs encore plus jolis, zébrer le fondant chocolat d'un trait de fondant blanc, façon millefeuille!

AVEC CETTE RECETTE
JE MAÎTRISE MAINTENANT

☐ LA PÂTE À CHOUX
☐ LA CRÈME PÂTISSIÈRE
☐ LA CUISSON DE LA PÂTE À CHOUX

JE ME NOTE
...... /20

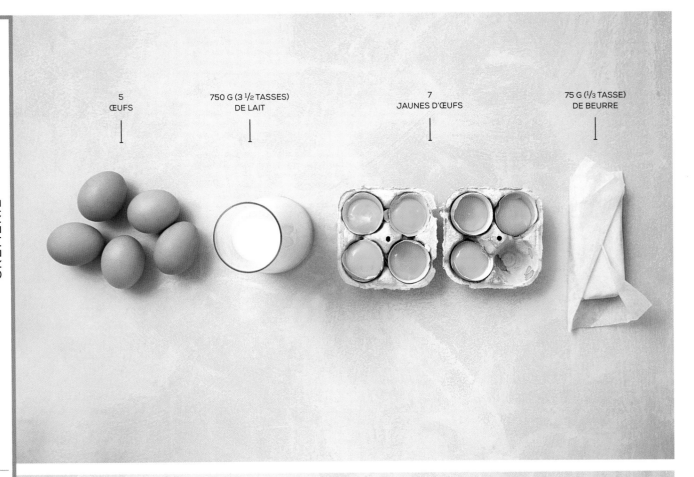

5
ŒUFS

750 G (3 ½ TASSES)
DE LAIT

7
JAUNES D'ŒUFS

75 G (⅓ TASSE)
DE BEURRE

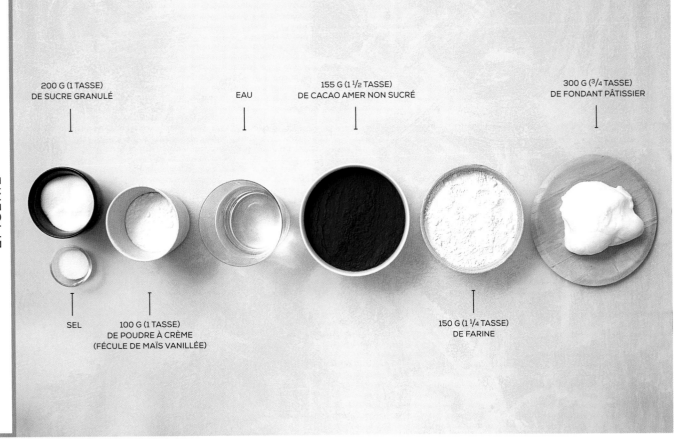

200 G (1 TASSE)
DE SUCRE GRANULÉ

EAU

155 G (1 ½ TASSE)
DE CACAO AMER NON SUCRÉ

300 G (¾ TASSE)
DE FONDANT PÂTISSIER

SEL

100 G (1 TASSE)
DE POUDRE À CRÈME
(FÉCULE DE MAÏS VANILLÉE)

150 G (1 ¼ TASSE)
DE FARINE

1

LA PÂTE À CHOUX

10 MINUTES

+ CUISSON **5 MIN**

Peser et préparer tous les ingrédients de la pâte : 250 ml (1 tasse) d'eau, 5 g (³/₄ c. à café) de sel, 75 g (¹/₃ tasse) de beurre, 150 g (1 ¹/₄ tasse) de farine et 5 œufs.

Détailler le beurre en parcelles, les mettre dans une casserole avec l'eau et le sel, puis porter à ébullition.

Retirer du feu et ajouter toute la farine d'un coup dans le liquide bouillant.

Mélanger cette panade à l'aide d'une spatule plate jusqu'à l'obtention d'une boule de pâte homogène.

Faire dessécher un peu la panade sur feu doux jusqu'à ce qu'elle soit lisse, puis la déposer dans le bol d'un robot.

Ajouter 4 œufs, l'un après l'autre, en veillant à ce que chaque œuf soit bien incorporé à la pâte avant d'ajouter le suivant.

Battre le dernier œuf dans un ramequin et en incorporer juste ce qu'il faut pour obtenir une pâte souple formant des becs.

PRÉCHAUFFER LE FOUR À 200 °C (400 °F).

J'AJUSTE CETTE TEMPÉRATURE EN FONCTION DE MON FOUR : _____

_____

_____

_____

_____

_____

2

COUCHER LES ÉCLAIRS

10 MINUTES

Mettre la pâte dans une poche à pâtisserie munie d'une douille cannelée n° 15.

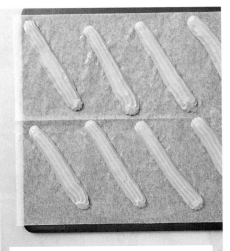

Coucher des boudins de pâte de 10 cm (4 po) de longueur sur une plaque tapissée de papier sulfurisé.

Mélanger 1 jaune d'œuf avec 1 cuillerée à soupe d'eau et dorer légèrement au pinceau chaque éclair.

3

CUIRE LES ÉCLAIRS

2 MINUTES

+ CUISSON 25 MIN   + ATTENTE 30 MIN

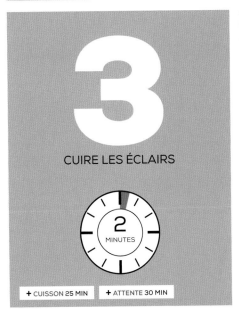

Glisser la plaque dans le four (non ventilé), baisser la température à 160 °C (325 °F) et laisser cuire 25 minutes environ.

Vérifier la cuisson : les éclairs doivent être légers et de couleur homogène. Les déposer sur une grille et les laisser refroidir.

4

LA CRÈME PÂTISSIÈRE

10 MINUTES

+ CUISSON 10 MIN   + ATTENTE 20 MIN

Verser 650 g (3 tasses) de lait dans une casserole, ajouter 50 g (¼ tasse) de sucre et porter à ébullition.

Fouetter 6 jaunes d'œufs avec 150 g (³/4 tasse) de sucre pour les blanchir. Ajouter 100 g (¹/2 tasse) de lait froid, puis incorporer la poudre à crème.

Ajouter petit à petit le lait très chaud, en fouettant.

Reverser l'ensemble dans la casserole, porter à ébullition et laisser cuire 1 minute, en mélangeant constamment.

Hors du feu, incorporer 125 g (1 ¹/2 tasse) de cacao au fouet. Transférer dans un récipient assez plat, placer une pellicule plastique directement sur la crème et laisser refroidir.

5

GARNIR ET GLACER LES ÉCLAIRS

20 MINUTES

Remplir de crème pâtissière une poche munie d'une douille à fourrer.

Percer trois petits trous sous chacun des éclairs, puis les garnir généreusement de crème.

Faire tiédir le fondant pâtissier en suivant les indications du mode d'emploi, puis l'aromatiser avec le reste de cacao.

Glacer régulièrement les éclairs à l'aide d'une spatule avant de les mettre au frais.

ÉCLAIRS AU CHOCOLAT

HACHER DES HERBES

5 MINUTES

Laver les feuilles plusieurs fois dans de l'eau bien froide, puis les égoutter sur du papier absorbant.

Sélectionner les feuilles et les détacher des tiges à l'aide des doigts.

Commencer le travail par une découpe partielle. Serrer les feuilles contre la lame du couteau et les concasser rapidement.

Recommencer l'opération.

Les herbes peuvent être hachées facilement car elles restent ensemble sans s'éparpiller sur toute la surface de la planche.

Hacher les herbes...

... de plus en plus finement...

... jusqu'à obtenir un hachis très fin et régulier.

Disposer les éléments sur le plan de travail.

Effeuiller 5 brins de persil pour ne conserver que les tiges.

Poser 2 brindilles de thym et 1 feuille de laurier à la base des tiges de persil.

Si celles-ci sont très longues, les replier pour former une sorte de cigare et envelopper le tout dans une feuille de vert de poireau.

Rouler bien serré pour que le bouquet garni ne se défasse pas lors de la cuisson.

Ficeler l'ensemble en réalisant plusieurs tours le long du bouquet pour maintenir tous les aromates.

Parer les extrémités : cela évite de retrouver des petits morceaux de persil ou de thym flottant dans le plat.

Le bouquet garni est prêt à être plongé dans le liquide de cuisson.

CHAMPIGNONS SAUTÉS

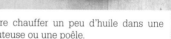

+ CUISSON **5 MIN**

Enlever la partie terreuse de 250 g (3 tasses) de champignons de Paris.

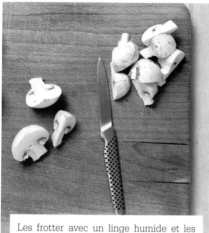

Les frotter avec un linge humide et les couper en morceaux.

Faire chauffer un peu d'huile dans une sauteuse ou une poêle.

Y jeter les champignons et les faire sauter par petites quantités.

Les laisser cuire jusqu'à ce qu'ils soient colorés.

Les champignons sont colorés et cuits, mais ils restent moelleux. Les déposer sur du papier absorbant.

OIGNONS GLACÉS

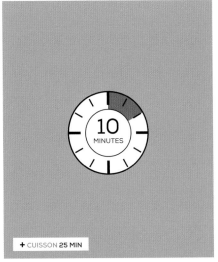

10 MINUTES

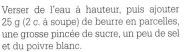

+ CUISSON **25 MIN**

Disposer les éléments sur le plan de travail.

Éplucher 250 g (2 tasses) de petits oignons et les disposer dans une sauteuse les contenant tout juste, sur une seule couche.

Verser de l'eau à hauteur, puis ajouter 25 g (2 c. à soupe) de beurre en parcelles, une grosse pincée de sucre, un peu de sel et du poivre blanc.

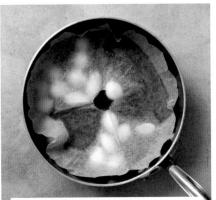

Découper un disque de papier sulfurisé, le percer au centre et le poser sur les oignons, pour retenir partiellement l'eau s'évaporant lors de la cuisson.

Porter à ébullition, puis laisser frémir jusqu'à réduction presque totale de l'eau.

Il ne reste alors plus qu'un « sirop » gras et brillant, qui va enrober les oignons. Vérifier leur cuisson en les piquant à cœur.

Au besoin, ajouter un peu d'eau et prolonger la cuisson de quelques minutes. Ces oignons sont dits « glacés à blanc ».

Si on prolonge la cuisson, un caramel blond se forme et ils prennent alors une robe brune : ils sont dits « glacés à brun ».

RECETTES COMPLÉMENTAIRES

SAUCE AU VIN ROUGE

PRÉPARATION 5 MIN
CUISSON 30 MIN

POUR 300 ML (1 ¼ TASSE) DE SAUCE

300 g (2 tasses) d'échalotes, 500 ml (2 tasses) de vin rouge, 200 ml (¾ tasse) de fond de veau brun lié, 50 g (¼ tasse) de beurre

Peler et ciseler finement les échalotes. Faire chauffer 10 g (1 c. à soupe) de beurre dans une poêle, ajouter les échalotes et les faire légèrement suer.

Mouiller avec le vin rouge et laisser réduire pendant 20 minutes sur feu doux.

Ajouter le fond de veau et porter à ébullition, puis monter avec le reste de beurre, en fouettant vivement.

BÉCHAMEL

PRÉPARATION 10 MIN
CUISSON 15 MIN

POUR 1 LITRE (4 TASSES) DE SAUCE

1 litre (4 tasses) de lait, 75 g (⅓ tasse) de beurre, 75 g (⅔ tasse) de farine, noix de muscade, piment de Cayenne, sel

Faire fondre le beurre sur feu doux dans une casserole. Ajouter la farine et mélanger à l'aide d'une spatule jusqu'à ce que la préparation soit homogène. Laisser cuire très doucement quelques instants ; le mélange mousse et devient blanchâtre. Retirer du feu et laisser refroidir.

Verser le lait dans une casserole, l'assaisonner de sel, de poivre et de noix de muscade râpée, puis le porter à petite ébullition. Le verser sur le roux froid, mélanger rapidement et porter à nouveau la sauce à ébullition sans cesser de mélanger au fouet.

Maintenir l'ébullition quelques instants, goûter la sauce pour rectifier l'assaisonnement et la verser rapidement dans un bol. Poser une pellicule plastique directement sur la sauce pour empêcher la surface de se dessécher.

GELÉE DE WASABI

PRÉPARATION 3 MIN
CUISSON 1 MIN

POUR 200 ML (¾ TASSE) DE GELÉE

200 ml (¾ tasse) de bouillon de volaille, 2 à 4 g (1 à 2 c. à café) de wasabi en pâte, 3 g (1 feuille) de gélatine en feuille

Tremper la gélatine dans de l'eau froide pour la ramollir.

Faire chauffer légèrement le bouillon de volaille. Ajouter le wasabi et la gélatine essorée, puis laisser refroidir la gelée.

RILLETTES DE SAUMON

PRÉPARATION 30 MIN
CUISSON 5 MIN
ATTENTE 1 H

POUR 1,5 KG (3 LB) DE RILLETTES

800 g (1 ¾ lb) de filet de saumon frais (peau et arêtes supprimées), 200 g (½ lb) de saumon fumé, 300 g (1 ½ tasse) de beurre, 300 g (1 ½ tasse) de crème, ½ botte de ciboulette, sel, poivre blanc

Détailler le saumon frais en petits dés, et le saumon fumé en lanières, puis en carrés.

Raidir les dés de saumon frais dans une sauteuse avec 40 g (¼ tasse) de beurre, puis les émietter à la fourchette. Ajouter le saumon fumé et laisser refroidir.

Fouetter la crème jusqu'à ce qu'elle soit bien ferme. Ajouter aux saumons le reste de beurre en pommade, la crème montée et la ciboulette finement ciselée. Assaisonner et réserver au froid pendant 1 heure avant de déguster.

RECETTES COMPLÉMENTAIRES

FLAN D'ÉPINARDS

PRÉPARATION 10 MIN
CUISSON 35 MIN

POUR 4 PERSONNES

1 kg (2 lb) d'épinards frais, 50 g (¼ tasse) de beurre,
200 g (1 tasse) de crème, 2 jaunes d'œufs, 2 œufs, sel, poivre,
noix de muscade, beurre pour le moule

Préchauffer le four à 160 °C (325 °F).

Laver les épinards et les équeuter. Les faire sauter au beurre
dans une grande poêle pendant 3 à 5 minutes, puis les hacher.
Presser le hachis obtenu pour éliminer le plus possible de
liquide. Mélanger les épinards avec la crème, les œufs et les
jaunes.

Assaisonner la préparation, la transférer dans un moule beurré
et faire cuire au four dans un bain-marie pendant environ
30 minutes. Attention, le temps de cuisson doit être adapté à
l'épaisseur du flan : il est cuit lorsqu'il est pris mais qu'il trem-
blote encore légèrement, comme une crème caramel.

DUXELLES

PRÉPARATION 10 MIN
CUISSON 15 MIN

POUR 200 G (7 OZ) DE DUXELLES

500 g (8 tasses) de champignons de Paris, 1 citron,
50 g (⅓ tasse) d'échalotes, 75 g (⅓ tasse) de beurre,
sel et poivre blanc

Éplucher et ciseler très finement l'échalote. Presser le citron et
filtrer le jus obtenu.

Enlever la partie terreuse des champignons, puis frotter pieds
et têtes avec un linge humide. Hacher finement les champignons, les presser dans un linge propre pour extraire l'eau de
végétation et citronner le hachis de champignon pour qu'il ne
noircisse pas.

Mettre le beurre à fondre dans un récipient assez large et y faire
suer les échalotes sans coloration.

Ajouter les champignons hachés et laisser mijoter doucement,
en mélangeant régulièrement, jusqu'à évaporation complète de
l'eau de végétation. Pour finir, assaisonner de sel fin et de poivre
blanc.

LASAGNES

PRÉPARATION 20 MIN
CUISSON 45 MIN

POUR 6 PERSONNES

un reste de potée (de 800 g à 1 kg [1 ¾ lb à 2 lb]) de viande
et de légumes, 12 feuilles de lasagnes, 1 litre (4 tasses)
de jus de cuisson de la potée, 90 g (½ tasse) de beurre,
90 g (¾ tasse) de farine, 200 ml (¾ tasse) de crème,
120 g (1 tasse) de gruyère râpé, sel, poivre, noix de muscade

Préparer un roux blanc : faire fondre le beurre dans une casserole
sur feu doux. Ajouter la farine, mélanger et laisser cuire quelques
instants. Mélanger et poursuivre la cuisson jusqu'à la formation
d'une mousse blanchâtre en surface. Retirer du feu et laisser
refroidir.

Filtrer le jus de cuisson de la potée et le faire chauffer, puis le lier
avec le roux pour obtenir un velouté. Hacher grossièrement les
restes de potée à l'aide d'un couteau et les mélanger aux trois
quarts du velouté.

Déposer un film de velouté dans le fond d'un plat à gratin. Ajouter
une couche de lasagnes, puis du hachis de potée, de nouveau
des lasagnes et encore du hachis... Terminer avec une couche
de lasagnes.

Mélanger le reste de velouté avec la crème et le fromage râpé.
Assaisonner de sel, de poivre et de noix de muscade. Verser sur
la couche de lasagnes, glisser au four préchauffé à 180 °C (350 °F)
et faire cuire durant 35 minutes environ.

POMMES GAUFRETTES

PRÉPARATION 15 MIN
CUISSON 3 MIN PAR FOURNÉE
POUR 4 PERSONNES

1 kg (2 lb) de pommes de terre, 5 litres (20 tasses) d'huile de
friture, sel

Peler les pommes de terre et leur donner une forme cylindrique.
Les tailler à la mandoline, en les faisant pivoter d'un quart de
tour à chaque passage, et les jeter au fur et à mesure dans de
l'eau bien froide. Les rincer abondamment pour éliminer le plus
possible de fécule, puis les sécher dans un linge propre.

Faire chauffer l'huile à 175 °C (350 °F) et y faire frire les pommes
de terre par petites quantités, pour que la température de l'huile
reste constante.

Lorsque les pommes gaufrettes sont cuites et colorées, les
déposer sur du papier absorbant pour les égoutter, puis
les saler.

RECETTES COMPLÉMENTAIRES

CRÈME PÂTISSIÈRE

PRÉPARATION 10 MIN
CUISSON 8 MIN

POUR 1 LITRE (4 TASSES) DE CRÈME PÂTISSIÈRE

1 litre (4 tasses) de lait, 8 jaunes d'œufs,
200 g (1 tasse) de sucre granulé, 100 g (³⁄₄ tasse) de farine,
1 gousse de vanille

Faire chauffer le lait avec la moitié du sucre et la gousse de vanille, fendue en deux dans la longueur.

Faire blanchir les jaunes d'œufs avec le reste de sucre, puis ajouter la farine. Délayer petit à petit avec le lait chaud et remettre sur le feu. Porter la crème pâtissière à ébullition en mélangeant et la laisser cuire pendant 3 minutes.

Verser la crème dans un bol. Déposer une pellicule plastique directement sur la crème, puis laisser refroidir au réfrigérateur.

CRÈME GLACÉE À LA PISTACHE

PRÉPARATION 10 MIN
CUISSON 10 MIN

POUR 4 PERSONNES

500 ml (2 tasses) de lait, 5 jaunes d'œufs,
150 g (³⁄₄ tasse) de sucre granulé,
25 g (2 c. à soupe) de beurre,
30 g (¹⁄₄ tasse) de pâte de pistaches

Faire chauffer le lait dans une casserole. Pendant ce temps, blanchir les jaunes d'œufs avec le sucre.

Incorporer petit à petit le lait chaud au mélange d'œufs et de sucre. Remettre le tout sur le feu réglé au minimum et laisser cuire en remuant sans cesse avec une cuillère en bois jusqu'à ce que la température de la crème atteigne 84 °C (180 °F).

Ajouter alors le beurre et la pâte de pistaches, laisser refroidir et faire prendre en glace en sorbetière.

MERINGUE À L'ITALIENNE

PRÉPARATION 20 MIN
CUISSON 10 MIN

POUR COUVRIR 2 TARTES POUR 4 PERSONNES

500 g (2 ½ tasses) de sucre granulé, 150 g (²⁄₃ tasse) d'eau,
250 g (1 tasse) de blancs d'œufs

Verser le sucre et l'eau dans une casserole, puis faire cuire l'ensemble jusqu'à 121 °C (250 °F).

Pendant ce temps, monter les blancs en neige, en veillant à ne pas les serrer.

Incorporer le sucre cuit aux blancs montés, en le versant en filet et en fouettant sans cesse à grande vitesse jusqu'à complet refroidissement.

Quand la meringue est froide, ferme et nacrée, la préparation est parfaite.

GLACE ROYALE

PRÉPARATION 5 MIN

POUR GLACER UN CAKE (200 G [7 OZ] DE GLACE ROYALE)

1 blanc d'œuf, 160 g (1 ½ tasse) de sucre glace, ½ citron

Presser le demi-citron.

Mélanger à la spatule le blanc d'œuf, le sucre glace et le jus de citron jusqu'à obtenir une pâte lisse.

RECETTES COMPLÉMENTAIRES

CRAQUELIN

PRÉPARATION 10 MIN

POUR RECOUVRIR 50 CHOUX

50 g (⅓ tasse) de cassonade, 50 g (⅓ tasse) de farine,
40 g (¼ tasse) de beurre

Mélanger la cassonade, la farine et le beurre jusqu'à obtenir une pâte homogène.

L'étaler à 2 mm (⅛ po) d'épaisseur entre deux feuilles plastifiées ou siliconées, à l'aide d'un rouleau à pâtisserie.

Détailler la pâte en disques de 2 cm (¾ po) de diamètre et en poser un sur chacun des choux avant de les enfourner.

GANACHE

PRÉPARATION 10 MIN
CUISSON 5 MIN

250 g (1 ½ tasse) de chocolat noir, 125 g (½ tasse) de crème, ¼ gousse de vanille

Couper le chocolat en petits morceaux et le ramollir (sans chercher à le faire fondre) au four à micro-ondes réglé à faible puissance.

Fendre la gousse de vanille en deux dans le sens de la longueur. Faire chauffer la crème, si possible à 85 °C (185 °F), et y faire infuser la vanille pendant quelques instants.

Verser la crème encore chaude sur le chocolat, le laisser fondre et fouetter jusqu'à ce que le mélange soit homogène.

Utiliser la ganache avant qu'elle ne soit complètement refroidie.

Pour garnir les macarons, utiliser une poche à douille, le travail est plus propre et plus rapide.

Creuser légèrement l'intérieur des coques avant de les garnir permet de mettre un peu plus de crème. Cela renforce également l'assemblage des coques, qui ne peuvent glisser.

LEXIQUE DES TERMES UTILISÉS

BATTRE DES ESCALOPES

Battre des escalopes a pour but d'aplatir les zones épaisses afin de donner aux tranches de viande la même épaisseur partout, ce qui permet de leur assurer une cuisson régulière.

BEURRE EN POMMADE

Un beurre en pommade est un beurre très mou (mais pas fondu), à la consistance onctueuse.

BEURRE NOISETTE

Beurre cuit très lentement, que la caséine colore et auquel elle apporte un goût particulier.

BLANCHIR

• Fait de plonger des légumes dans de l'eau bouillante durant quelques minutes, puis de les rafraîchir et de les égoutter pour éliminer leur âcreté (c'est une cuisson complète pour les épinards). Les pommes de terre et les légumes secs se blanchissent avec un départ à l'eau froide.

• Immerger une viande ou des abats dans de l'eau froide ensuite portée à ébullition, pour éliminer l'excédent de sel ainsi que les impuretés, ou pour raffermir les chairs.

• Travailler vigoureusement des jaunes d'œufs et du sucre à l'aide d'une spatule en bois pour préparer une crème anglaise, une crème pâtissière...

CANNELER

Pratiquer des petites cannelures à l'aide d'un couteau canneleur à la surface de certains fruits ou légumes pour améliorer leur présentation.

CHIQUETER

Favoriser la présentation d'une tarte en pâte feuilletée, sucrée, brisée ou sablée en pratiquant des petites entailles régulières sur le bord de l'abaisse de pâte avant cuisson, soit avec un couteau d'office, soit à l'aide d'une pince à chiqueter.

CONCASSER

Hacher grossièrement (persil, tomates, os, arêtes...).

CREVER

Plonger du riz — soigneusement lavé au préalable — dans de l'eau froide et porter à ébullition durant quelques minutes, jusqu'à éclatement des grains (riz au lait, riz condé...).

CUIRE À LA NAPPE

Cuire jusqu'à ce que la crème couvre la spatule, puis passer le doigt sur celle-ci : si la trace de doigt perdure, la crème est cuite. La température de la crème est alors entre 82 et 84 °C (180 et 185 °F).

CUIRE À L'ANGLAISE

Cuire un légume dans de l'eau bouillante salée avec un départ à l'eau bouillante. Une exception : les pommes de terre, qui se cuisent avec un départ à l'eau froide.

DÉCANTER

• Pendant la préparation d'un beurre clarifié, éliminer l'écume (constituée de matières non grasses), puis verser délicatement le beurre fondu dans un autre récipient pour le séparer du petit-lait, un peu plus lourd.

• Pour un ragoût, séparer les éléments solides des éléments liquides.

• Changer une préparation (ragoût, fricassée) de récipient afin d'éliminer la garniture aromatique.

DÉCUIRE

Ramener un sucre cuit à un degré de concentration inférieur en lui ajoutant un peu d'eau.

DÉGERMER

Partager une gousse d'ail en deux et en extraire le germe.

DÉGLACER

Liquéfier les sucs caramélisés au fond d'un récipient de cuisson en ajoutant un liquide (eau, fond, vin).

ÉBARBER

Éliminer les nageoires, ce qui est la première phase de l'habillage des poissons.

LEXIQUE DES TERMES UTILISÉS

ÉCAILLER
- Éliminer les écailles d'un poisson.
- Gratter les pattes d'une volaille après l'avoir fait flamber.

ÉCOSSER
Enlever les cosses entourant les graines des légumineuses (petits pois, fèves, haricots en grains).

ÉCUMER
Éliminer, à l'aide d'une écumoire, l'écume qui se forme à la surface d'un fond ou d'une sauce.

ÉMINCER
Couper (tailler) en tranches fines oignons, poireaux, légumes, fruits... Il est important de couper de manière régulière, et le couteau idéal pour cela est l'éminceur !

ÉMULSION
Mélange de deux produits non miscibles, qui va sembler homogène sous l'action d'une agitation mécanique (comme la vinaigrette).

ÉQUEUTER
Tirer la tige depuis la base de la feuille vers le haut, en arrachant au passage les grosses nervures.

FOND BRUN CLAIR
Un fond brun clair est un fond brun non lié, donc très liquide.

FOULER
Passer une préparation au chinois en appuyant fortement avec une louche.

FRAISER
Rendre une pâte (brisée, sablée) plus homogène en l'écrasant et en la poussant devant soi sur le plan de travail avec la paume de la main.

GASTRIQUE
Mélange de sucre et de vinaigre blanc cuit jusqu'à l'obtention d'une couleur blonde. La gastrique est la base des sauces aigres-douces contenant des fruits (canard à l'orange, par exemple).

LÈCHES
Les lèches sont de longs bâtonnets de viande épais d'environ 1 cm (1/3 po).

LIER
Donner une certaine consistance à un fond, à une sauce ou à un potage en ajoutant un élément de liaison (amidon, fécule, jaune d'œuf...).

LIER ET PARER LES ASPERGES
Attacher les asperges leur évite de se casser en se choquant lors de la cuisson, et les parer régulièrement leur assure une cuisson homogène.

LIMONER
Éliminer sous un filet d'eau les parties sanguinolentes et les peaux de certains abats (cervelle, amourettes...).

MACARONER
Rendre homogène une pâte à macarons en exerçant des mouvements du centre du bol vers l'extérieur avec une spatule souple, en tournant le bol au fur et à mesure.

MONDER
Éliminer la peau de certains légumes ou fruits en les plongeant pendant quelques secondes dans de l'eau bouillante et en les rafraîchissant immédiatement (tomates, pêches, prunes, amandes, pistaches...).

PANADE
Mélange d'eau, de beurre, de farine et de sel cuits ensemble, qui constitue la base des pâtes à choux ou de certaines quenelles.

PILER
Réduire un aliment en purée à l'aide d'un pilon et d'un mortier.

PINCER UNE GARNITURE
Pincer une garniture consiste à la colorer très légèrement dans un corps gras. Il faut veiller à ne pas trop la colorer, faute de quoi elle communiquerait un goût amer à la sauce.

RAIDIR
Faire sauter une viande sans coloration pour raffermir les fibres (fricassée de volaille...).

RISSOLER
- Faire sauter un aliment dans un peu de matière grasse en le colorant. Synonyme de « revenir ».
- Cuire des pommes de terre dans un peu de matière grasse après les avoir blanchies (pommes cocotte, pommes noisettes, pommes château).

SINGER
Saupoudrer un ragoût de farine pour en assurer la liaison.

SOMMITÉS DE CHOU-FLEUR
Les sommités sont les tout petits bouquets qui se trouvent à la surface de la pomme du chou-fleur. Elles doivent être prélevées à l'aide d'un petit couteau pointu.

SUER
Éliminer l'eau de végétation d'un légume en le chauffant doucement avec un corps gras et en évitant toute coloration.

TORRÉFIER DES NOISETTES
Colorer et sécher des fruits secs (noisettes, pignons, amandes...) en les passant au four à 160 °C (325 °F) jusqu'à l'obtention d'une coloration, qui sera plus ou moins soutenue selon l'utilisation envisagée.

TRONÇONNER
- Tailler certains légumes en gros morceaux de forme allongée (tronçons de poireau, de carotte...).
- Découper certains poissons selon une technique particulière (tronçons de cabillaud, de turbot...).

TABLE DES MATIÈRES

INDEX DES RECETTES

INDEX DES GESTES TECHNIQUES

INDEX DES INGRÉDIENTS

INDEX DES INGRÉDIENTS

Direction : Jean-Louis Hocq
Direction éditoriale : Suyapa Granda Bonilla
Édition : Marion Guillemet-Bigeard
Rédaction : Chloé Chauveau
Conception graphique : Guylaine Moi
Fabrication : Céline Premel-Cabic
Photogravure : Articrom
Infographie : Johanne Lemay

Note au lecteur : Les mesures impériales présentes dans le livre ont été arrondies. Pour une précision optimale des ingrédients, il est préférable d'utiliser les mesures métriques.

Catalogage avant publication de Bibliothèque et Archives nationales du Québec et Bibliothèque et Archives Canada

Dovergne, Christophe

    Les classiques

    (Les ateliers de MasterChef)

    ISBN 978-2-7619-4139-6

    1. Cuisine. 2. Livres de cuisine.

    I. Duquesne, Damien. II. Titre.

TX651.D68 2014   641.5   C2014-940934-

10-14

Pour le Québec :
© 2014, Les Éditions de l'Homme, division du Groupe Sogides inc., filiale de Québecor Média inc. (Montréal, Québec)

Tous droits réservés

Dépôt légal : 2014
Bibliothèque et Archives nationales du Québec

ISBN 978-2-7619-4139-6

Imprimé au Canada

DISTRIBUTEUR EXCLUSIF :

Pour le Canada et les États-Unis :
MESSAGERIES ADP inc.*
2315, rue de la Province
Longueuil, Québec J4G 1G4
Téléphone : 450-640-1237
Télécopieur : 450-674-6237
Internet : www.messageries-adp.com
* filiale du Groupe Sogides inc.,
  filiale de Québecor Média inc.

Christophe Dovergne et Damien Duquesne remercient tout particulièrement :
• toute l'équipe des éditions Solar pour son professionnalisme ;
• la grande famille de 750grammes ;
• nos maîtres d'apprentissage, les chefs et tous les amis qui nous ont aidés à devenir ce que nous sommes.

Un merci particulier à Fred Gouteau, Nico Pastot et Fred Andres.
Merci à nos amis bloggeurs, qui vivent et nous font partager leur passion à fond !
Merci à nos étudiants et anciens élèves, qui se souviennent encore un peu de nous…
Merci au lycée Jesse-de-Forest à Avesnes-sur-Helpe pour leur accueil et l'aide apportée à la réalisation de cet ouvrage.
Merci enfin et surtout à nos familles, qui nous supportent au quotidien !

Merci à notre partenaire TomPress pour le prêt du fumoir de table (www.tompress.com).
L'éditeur et Thomas Dhellemmes remercient Staub.

Gouvernement du Québec – Programme de crédit d'impôt pour l'édition de livres – Gestion SODEC – www.sodec.gouv.qc.ca

L'Éditeur bénéficie du soutien de la Société de développement des entreprises culturelles du Québec pour son programme d'édition.

 Conseil des Arts   Canada Council
du Canada   for the Arts

Nous remercions le Conseil des Arts du Canada de l'aide accordée à notre programme de publication.

Nous reconnaissons l'aide financière du gouvernement du Canada par l'entremise du Fonds du livre du Canada pour nos activités d'édition.

Dans la même collection